일_{어나}깨_어움_{직여라}

한기채 지음

교회성장연구소

목

차

Awakening

저는 얼마 전부터 한국 교회의 갱신과 부흥을 위해 기도하던 중 선지서를 다시 새롭게 읽어야 한다는 도전을 강하게 받았습니다. 그리고 말씀을 읽는 중에 시간과 공간을 넘어 이 시대에 말씀하시는 하나님의 생생한 음성을 듣게 되었습니다. 12 소선지서는 대선지서에 비해 분량은 적지만 선지자 각각의 특징적 메시지가 있습니다. 그리고 그 예언의 메시지는 그 시대상황에만 머물러 있는 것이 아니라 지금 이 시대에 다시 한 번 울려야 할 하나님의 강력한 선포이기도 합니다. 선지자는 우리에게 일어나 깨어 움직이라고 촉구합니다.

소선지서는 유다와 이스라엘의 말기와 포로시대에 선포된 말씀으로, 이스라엘의 도덕적 타락, 경제 양극화, 사회의 부정의, 신앙적 변질, 주변국과의 관계를 폭넓게 다루고 있습니다. 놀라운 사실은 소선지서의 말씀이 선포되었던 당시의 시대상과 지금의 사회적 분위기가 마치 데칼코마니decalcomanie를 해놓은 것처럼 닮았다는 것입니다. 교회의 타락과 거짓 선지자, 우상숭배와 세속주의, 물질 만능 주의와 구조적인 사회악이 우리 사회 곳곳에도 만연해 있습니다.

시대적 역할을 감당해야 할 교회는 선지자적 발언을 계속해야 합니다. 듣기 좋은 말만 늘어놓으며 대중의 인기에 연연해서는 안 됩니다. 사회적 약자, 즉 장애를 지니고 살거나 헐벗고 가난한 이웃을 대변해서 말해야 합니다. 부조리한 사회 현상들, 성경말씀을 부인하는 잘못된 가르침, 영적 남용, 성적 타락, 거짓 선지자를 무섭게 꾸짖어야 합니다. 구약시대의 선지자들에게 임했던 하나님의 말씀이 지금 이 땅에도 선포되어야 합니다.

그러나 잊지 말아야 할 사실이 있습니다. 꾸짖음은 결국 사랑에서 나온다는 것입니다. 수많은 선지자를 세워, 그들의 입을 통해 선포되었던 하나님의 말씀은 결국 하나님의 '사랑'에서 비롯됩니다. 지금 우리에게 필요한 것 역시 하나님의 사랑입니다.

저는 호세아, 요엘, 아모스, 오바댜, 요나, 미가, 나훔, 하박국, 스바냐, 학개, 스가랴, 말라기로 이어지는 12 소선지서를 통해 21세기에 전하고자 하시는 하나님의 말씀을 들었습니다. 이 땅에 여호와의 말씀이 강력하게 임해야 합니다. 그 말씀을 따라 우리가 먼저 깨어나고, 성도와 교회와 시대를 일깨워야 합니다. 그 날에 이 땅에 대부흥이 임할 것입니다.

거친 글을 다듬어 주시고 적합한 책 이름을 주시며 많은 수고를 아끼지 않은 교회성장연구소 출판팀과 이장석 본부장님께 감사드립니다. 이 말씀으로 한국 교회가 일어나 깨어 움직이기를 소망합니다.

2013. 10
한기채 목사

1

호세아서의 배경

브에리의 아들 호세아는 요아스의 아들 여로보암 왕이 다스리던 북 이스라엘에서 BC 750~725년에 활동하던 선지자입니다. 이때는 북 왕국의 번영기이자 내적으로는 타락이 만연하던 시대입니다. 북 이스라엘은 호세아의 등장 이후 앗수르의 침공으로 멸망합니다.

호세아는 히브리어로 '구원'을 의미합니다. 아모스보다 10년 늦게 등장했고 이사야, 미가와 동시대에 활동했습니다.

호세아는 '사랑의 선지자'란 별명을 가지고 있습니다. 예레미야와 같이 많은 눈물로 예언의 말씀을 증거하였는데, 신약의 요한에 비교할 수 있는 선지자입니다.

!

"사랑의 하나님을 알라"

호세아 6:1-3

Awakening

❗ 하나님을 알지만 모르는 삶

호세아의 신학은 가슴에서 나온 것으로, 호세아서는 구약 안에서 새 계명을 선포한 책이라 할 수 있습니다.

호세아서는 크게 두 부분으로 나누어집니다. 1장에서 3장까지는 호세아와 고멜의 결혼 생활을 통하여 하나님과 이스라엘의 관계를 상징적으로 보여 줍니다. 4장에서 14장까지는 이스라엘의 구체적인 죄들을 지적하며 책망하고 하나님의 심판을 선포합니다. 그러나 동시에 진심으로 회개하면 치유와 회복이 이루어질 것을 약속하고 있습니다. 북 이스라엘 시대에는 사람들이 하나님을 너무나 모르고 행하는 생활 모습이 만연해 있었습니다. 이러한 중에 호세아는 '하나님을 알라'는 주제로 이론적인 지식의 부재가 아니라 하나님을 아는 자로서의 삶이 없음을 지적하고 있습니다. 이스라엘은 하나님께 제사도 드리고, 하나님의 이름도 부르고, 율법의 말씀도 들었지만, 하나님께서 보실 때에는 여전히 하나님을 모르는 생활을 하고 있습니다.

우리가 신앙생활에서 분주하게 하나님을 찾는 것 같지만 하나님께서 보실 때에는 하나님의 마음을 헤아리지 못하고 하나님과 상관없는 생활을 하는 경우가 너무나 많습니다. 아직도 저는 하나님을 알아가고 있습니다. 그러나 종종 "너는 나를 잘 모른다"는 음성을 듣곤 합니다. 호세아서 마지막 절은 "누가 지혜가 있어 이런 일을 깨달으며 누가 총명이 있어 이런 일을 알겠느냐"호 14:9는 반문으로 끝을 맺고 있습니다. 결국 "누가 하나님을 알겠느냐"라는 열린 질문은 이스라엘 백성뿐 아니라 이 말씀을 읽고 듣는 우리에게도 똑같이 적용되는 질문입니다. 당신은 하나님을 어떻게 알고 있습니까?

호세아는 자신의 불행했던 결혼 생활을 통하여 하나님을 더욱 깊이 알게 되었다고 합니다. 이렇듯 인간은 때때로 고통을 통하여 하나님을 알게 되고 그 하나님을 간증하는 것을 볼 수 있습니다. 하나님을 아는 것은 세상의 어떤 것보다도 값진 일입니다. 하나님을 모르고 편하게 사는 것보다 많은 고통과 수고와 희생을 치르더라도 하나님을 아는 것이 복입니다.

"주께 합당하게 행하여 범사에 기쁘시게 하고 모든 선한 일에 열매를 맺게 하시며 하나님을 아는 것에 자라게 하시고" **골로새서 1:10**

! 저자를 알고 성경의 재미를 찾자

저는 기독교윤리학으로 박사 학위를 받고 기독교 윤리학자가 되었습니다. 이렇듯 우리가 무엇을 아느냐가 우리의 모습을 결정지어 줍니다. 하나님을 알아야 하나님의 사람이 됩니다. 하나님을 깊이 알수록 자신을 더 잘 알게 됩니다. 현대는 지식 정보 사회이기 때문에 앎에 대한 욕구가 지대하게 높다고 하는데, 그렇다면 당신은 하나님을 알기 위해서 어떤 노력을 하고 있습니까? 아니, 힘써 본 적은 있습니까? 바울은 하나님을 아는 지식이 가장 고상하기에 다른 모든 것은 배설물로 여긴다고 했습니다^{빌 3:8}.

호세아는 우리가 살기 위하여 "여호와를 알자 힘써 여호와를 알자"^{호 6:3}고 거듭 권면하고 있습니다. 그러나 우리가 하는 행동을 보면 하나님을 알기 위해 애쓰는 자의 행동이 아닙니다. 호세아는 또한 "이 땅에는 진실도 없고 인애도 없고 하나님을 아는 지식도 없다"^{호 4:1}고 말합니다. 이스라엘의 죄는 '진실'이 없고, '인애'가 없고, '하나님을 아는 지식'이 없는 것이었습니다. 마침내는 "내 백성이 ^{하나님을 아는} 지식이 없으므로 망하는도다"^{호 4:6}라며 탄식했습니다.

"나는 인애를 원하고 제사를 원하지 아니하며 번제보다 하나님을 아는 것을 원하노라"^{호 6:6} 하나님께서 원하시는 것은 제물이나 제사가 아니라 하나님을 아는 것입니다. 하나님을 아는 것이 제사를 제사되게 합니다. 예배의 대상을 모르고 예배하는 것이 무슨 소용이 있습니까? 하나님은 하나님을 너무도 모르고 살아가는 우리에게 "나 좀 알아다오", "내 마음 좀 헤아려다오"라고 말씀하십니다. 하나님께서 원하시는 것은 상한 심령이요, 회개하는 마음이요, 변화된 삶입니다.

혹자는 성경이 너무 무미건조해서 성경만 펴 들면 잠이 온다고 합니다. 그래서 잠이 안 올 때 성경을 보면 수면제가 따로 필요 없다고 합니다. 왜 이렇게 성경이 재미없는지 아십니까? 성경의 저자를 모르기 때문입니다.

어떤 젊은 여인이 책을 한 권 선물 받았는데, 너무나 지루하고 재미가 없어서 그냥 책장에 꽂아 두었습니다. 얼마 지나 남자를 소개 받았는데, 그 사람 이름을 어디에선가 들어 본 것 같았다고 합니다. 곰곰이 생각해 보니 자기 생일에 친구가 선물해 준 소설의 작가 이름과 같다는 것을 발견했습니다. 그래서 "책 제목은 잘 기억이 안 나지만 똑같은 이름의 작가가 쓴 소설을 하나 가지고 있어요. 우연의 일치네요" 하니, 그 사람이 "우연의 일치가 아니라 그 책은 바로 제가 쓴 거예요" 하는 것이 아닙니까? "그 책 어땠어요?" 하고 물어보는데, 적당히 얼버무리고 집에 돌아와 책을 찾아보니 먼지가 잔뜩 쌓여 있었습니다. 그 사람이 무척 매력적이어서 그를 마주 대하는 기분으로 새벽 3시까지 밤새는 줄 모르고 그 책을 읽었습니다. 세상에 그렇게 재미있는 책은 처음 보는 것 같았습니다.

책의 내용은 매한가지일 텐데 저자를 만나고 나서 읽으니 책이 흥미있어진 것입니다. 무엇이 그녀의 마음을 움직였을까요? 바로 저자를 알게 되었기 때문입니다. 성경의 저자이신 하나님을 알고, 성령님의 인도하심을 따르면, 성경말씀 한 구절 한 구절이 그렇게 의미있고 귀할 수가 없습니다. 그래서 주야로 읽으며 묵상하고 암송하는 것입니다.

! 고멜을 통해 나타나는 이스라엘의 배신

호세아서는 하나님께서 호세아를 중매하시는 이야기에서 시작됩니다. 말씀은 선지자의 상징적 행동으로 전달되기도 합니다. 하나님께서 호세아를 위해 신부를 준비하셨다고 했을 때, 호세아는 얼마나 기대에 찼겠습니까? '하나님께서 나를 위해 얼마나 아름다운 여인을 예비하셨을까?' 그런데 호세아의 기대는 여지없이 무너졌습니다. 하나님은 많고 많은 여자 중에 음란한 여인 고멜을 아내로 삼으라고 하셨습니다. 좋은 부모 밑에서 사랑받고 자란 여인도 많은데 왜 하필 창녀 출신 고멜입니까? 세상에 여자가 그렇게 없습니까? 하나님께 맡겼을 때는 그만한 기대가 있었을 것 아닙니까?

저 같으면 도망갔을 것입니다. "하나님, 마음만 받겠습니다. 제가 알아서 할게요. 제발 관두세요"라고 했을 텐데, 호세아는 하나님의 말씀을 받아들입니다. 자신을 통해 한 여인의 삶을 새롭게 하시려는 하나님의 뜻으로 받아들이고 순종했습니다. 고멜이 그렇게 된 것은 환경적인 요인일 수도 있고, 가난 때문일 수도 있고, 또 다른 사회적인 요인으로 그렇게 되었다고 생각했을 수도 있습니다. 피해자일지도 모르는 고멜이 평생을 그렇게 산다는 것은 불행한 일이므로, 호세아는 큰 결심을 하고 과거에 음란한 삶을 산 여인을 용납하고 자기의 아내로 맞이했습니다. 기생 출신이었던 라합이 변하여 새사람이 되었듯, 고멜도 위대한 삶을 살 수 있는 것이니까요.

호세아에게는 엄청난 희생이지만, 고멜에게는 큰 은혜가 아닐 수 없습니다. 새로운 인생을 출발할 수 있는 절호의 기회이기도 합니다. 그래도 얼마 동안은 은혜가 남아 있어서인지 결혼 생활이 잘되는 듯 했습니다. 그들 사이에 첫 아들 '이스르엘'하나님이 씨를 뿌리다이 태어났습니다. 그러나 두 번째 딸 '로루하마'긍휼히 여김을 받지 못하는 자와 둘째 아들 '로암미'내 백성이 아니라는 호세아의 자식이 아닙니다. 이름이 암시하는 바와 같이 아내의 부정한 행동을 통해서 태어났기 때문입니다.

"내가 그의 자녀를 긍휼히 여기지 아니하리니 이는 그들이 음란한 자식들임 이니라 그들의 어머니는 음행하였고 그들을 임신했던 자는 부끄러운 일을 행하였나니 이는 그가 이르기를 나는 나를 사랑하는 자들을 따르리니 그들 이 내 떡과 내 물과 내 양털과 내 삼과 내 기름과 내 술들을 내게 준다 하 였음이라" 호세아 2:4-5

❗ 현대판 고멜 이야기

이런 일은 비단 성경 속 옛날 이야기만은 아닙니다. 제가 한 포털 사 이트에서 관련 내용을 검색해 보았습니다. 바람난 아내 때문에 상담하 는 내용이 있었습니다.

제 와이프가 직장 동료와 바람이 나서 관계를 갖는 것을 제가 보았습니 다. 지금 생각해도 속이 뒤집어질 것 같네요. 하지만 너무도 사랑한 나머 지 참기로 하고, 둘이 여행을 다녀와서 고민 끝에 모든 걸 덮고 살았습니 다. 그런 일이 있고 한 달 남짓 아내가 임신하였고 저는 조금은 불안한 마 음으로 아이를 낳기로 결정했습니다. 지금까지 조그만 싸움은 있었지만 그 런대로 살았습니다. 하지만 아이가 크면 클수록 주변에서 저와 닮은 구석 이 없다고들 말하는 겁니다. 저 역시도 아이를 볼 때마다 정말 하나도 안 닮았다는 생각이 들어 결국 친자 확인을 하게 되었습니다. 확인 결과 제 아이가 아니라는 결과가 나왔습니다. 정말 치가 떨립니다. 아내를 이해하기도 힘들고 이제는 이해하기도 싫습니다. 이 두 사람을 법적으로 해결할 수 있는 방법이 없습니까? 어떻게 해야 할까요?

만일 이런 일을 당신이 당했다면 어떻게 하시겠습니까? 배우자의 외도, 더구나 남의 자식까지 있다면 말입니다. 펄펄 뛰고 난리가 났을 것입니다. 이런 배우자를 다시 받아 줄 사람은 그리 많지 않을 것입니다. 그래도 호세아는 아내를 받아 주고 다른 남자와의 사이에서 태어난 아이들을 자기 친자식처럼 여기고 생활했습니다. 이렇게 엄청난 용서를 받았는데, 얼마 지나지 않아 고멜은 다시 바람이 나서 젖먹이 자식들까지 다 내팽개치고 도망을 갔습니다. 그렇게 지내다가 결국 배신을 당해 다시 창녀로 팔리게 되었습니다. 과거의 생활 습관을 버리지 못하고, 받은 은혜에 보답은 못할망정 이렇게 사람의 가슴에 거듭 못을 박을 수 있습니까? 정말 최악의 여자입니다. 더욱 용서가 안 되는 것은 다 버리고 떠날 땐 언제고 정작 본인이 어려워지니까 본 남편을 그리워하더라는 것입니다.

"그가 그 사랑하는 자를 따라갈지라도 미치지 못하며 그들을 찾을지라도 만나지 못할 것이라 그제야 그가 이르기를 내가 본 남편에게로 돌아가리니 그때의 내 형편이 지금보다 나았음이라 하리라" 호세아 2:7

이런 뻔뻔한 사람 같으니! 탕자의 비유에 나오는 작은 아들을 보는 것 같습니다. 당신 같으면 이 여인을 어떻게 하시겠습니까? 호세아는 이 일을 두고 하나님 앞에 눈물로 기도하였습니다. 그러자 하나님의 응답이 왔습니다.

"여호와께서 내게 이르시되 이스라엘 자손이 다른 신을 섬기고 건포도 과자를 즐길지라도 여호와가 그들을 사랑하나니 너는 또 가서 타인의 사랑을 받아 음녀가 된 그 여자를 사랑하라 하시기로 내가 은 열다섯 개와 보리 한 호멜 반으로 나를 위하여 그를 사고 그에게 이르기를 너는 많은 날 동안 나와 함께 지내고 음행하지 말며 다른 남자를 따르지 말라 나도 네게 그리하리라 하였노라" 호세아 3:1-3

과부가 과부 사정 안다고 이러한 일을 통해 호세아는 하나님의 심정을 어느 정도 알게 되었습니다.

"호세아야 마음이 아프지? 내 백성 이스라엘이 나를 버리고 바알에게 갔을 때에 내 심정을 이해할 수 있겠느냐?"

"네 아내 고멜같이 이스라엘 백성이 나를 버리고 우상을 좇아가지만 나는 그들을 버리지 않고 사랑하고 구속한다."

호세아의 사랑은 순간적이거나 이기적인 것이 아니라 헌신적이고 계속적이며, 고멜이 배신을 해도 약해지지 않았습니다. 자신이 감당하는 고통에도 불구하고 포기하지 않는 사랑이었습니다. 이렇게 참사랑은 고통과 수고가 수반된다는 것을 알았습니다. 이것이 하나님의 사랑입니다. 여기 '헤세드'hesed 인애 라고 표기한 사랑은 끊임없는 사랑입니다. 자비, 긍휼, 인내가 들어가 있는 변치 않는 사랑입니다. 호세아 6장

6절에는 '헤세드'와 '하나님을 아는 것'이 평행으로 나옵니다.

하나님을 안다는 것은 하나님의 사랑을 아는 것입니다. 동의어는 아니지만 긴밀하게 연관되어 있습니다. '헤세드'는 상대편이 받을 만한 가치가 없음에도 무조건적으로 베풀어 주는 희생적인 사랑입니다. 호세아와 고멜의 관계는 이스라엘에 대한 하나님의 성실한 사랑과 하나님에 대한 이스라엘의 배반을 예시적으로 보여 줍니다.

! 우리를 포기하지 않으시는 하나님

호세아서가 알려 주고자 하는, 우리가 반드시 알아야 하는 것은 사랑의 하나님입니다. 사랑으로 선택하시는 하나님을 알아야 합니다.

왜 하나님은 하필 그 많은 여인 중에 음란한 여인을 택하셨습니까?

왜 하나님은 이스라엘을 선택하셨습니까?

왜 하나님은 우리를 하나님의 자녀로 택하셨습니까?

도덕적으로 선해서입니까? 능력이 있기 때문입니까? 아닙니다. 하나님의 무조건적인 선택입니다. 긍휼입니다.

"아 하나님의 은혜로 이 쓸데없는 자 왜 구속하여 주는지 난 알 수 없도다." 〈아 하나님의 은혜로〉 중

오직 하나님의 은혜로 된 것입니다. 은혜를 망각하면 감사도 감격도

없습니다. 신앙생활의 문제는 받은 은혜를 잊어버리는 것입니다.

> "내가 네게 장가들어 영원히 살되 공의와 정의와 은총과 긍휼히 여김으로 네게 장가들며 진실함으로 네게 장가들리니 네가 여호와를 알리라" **호세아 2:19-20**

이 은혜로운 선택을 저버리는 배은망덕한 고멜의 행위를 보면서 우리는 제삼자라도 분노를 느끼게 됩니다. 그러나 그 고멜이 다름 아닌 나 자신의 모습이라는 것은 까맣게 모르고 말입니다.

우리는 얼마나 하나님의 은혜를 망각하고 삽니까?

우리는 얼마나 하나님의 마음을 저버렸습니까?

우리는 얼마나 하나님의 선하심을 배신합니까?

> "그들이 여호와께 정조를 지키지 아니하고 사생아를 낳았으니 그러므로 새 달이 그들과 그 기업을 함께 삼키리로다" **호세아 5:7**

> "음탕한 저 고멜과 같이도 방황하던 나에게 너그런 주님의 용서가 내 맘을 녹이셨네." 〈탕자처럼〉 중

이스라엘이 바알과 바람이 났습니다. 바알은 하나님의 연적입니다. 사람들은 왜 그를 좋아할까요? 바알은 세상의 번영, 물질적 풍요, 성적인 쾌락을 줄 것처럼 우리를 속입니다. 하나님을 떠나 하나님으로부터

눈을 떼어 돈으로, 세상으로, 부정한 일을 행하게 합니다. 그것에 속아 우리는 거짓, 음행, 살인, 도적질과 같은 악을 행합니다. 호세아서에는 이러한 모습을 음녀호 3:1, 완강한 암소호 4:16, 강도 떼호 6:9, 화덕호 7:7, 뒤집지 않은 전병호 7:8, 어리석은 비둘기호 7:11, 속이는 활호 7:16, 들나귀호 8:9로 비유했습니다.

그런데도 한 번 택하신 하나님은 끝까지 나를 포기하지 않으십니다. 나를 버리지 않으시고 끝까지 사랑하십니다. 징계하여 고칠지라도 우리를 버리지 않습니다.

"에브라임이여 내가 어찌 너를 놓겠느냐 이스라엘이여 내가 어찌 너를 버리겠느냐 내가 어찌 너를 아드마같이 놓겠느냐 어찌 너를 스보임같이 두겠느냐 내 마음이 내 속에서 돌이키어 나의 긍휼이 온전히 불붙듯 하도다" 호세아 11:8

! 하나님의 경고

둘째, 사랑으로 징계하시는 하나님을 알아야 합니다.

사람은 하나님의 은혜를 배반하고 삽니다. 심지어 하나님이 주신 은혜를 가지고 죄를 짓는 데 씁니다. 하나님께서 주신 물질, 지식, 명예, 건강, 직장을 모두 죄에 바칩니다.

"곡식과 새 포도주와 기름은 내가 그에게 준 것이요 그들이 바알을 위하여 쓴 은과 금도 내가 그에게 더하여 준 것이거늘 그가 알지 못하도다" 호세아 2:8

"그들은 번성할수록 내게 범죄하니 내가 그들의 영화를 변하여 욕이 되게 하리라" 호세아 4:7

우리가 어려울 때는 하나님을 잘 섬겼는데, 잘 되니 하나님을 배반하고 있습니다. 광야에서 '없음의 시험'은 잘 통과했는데, 가나안에 들어와 '있음의 유혹'에 지고 있습니다신 8:1-20. 그들이 열매가 많고 번영할수록 그 물질을 가지고 우상을 아름답게 만들고 이를 위한 제단을 꾸미는데 썼습니다.

"이스라엘은 열매 맺는 무성한 포도나무라 그 열매가 많을수록 제단을 많게 하며 그 땅이 번영할수록 주상을 아름답게 하도다" 호세아 10:1

우리가 하나님께 받은 것에는 책임이 뒤따릅니다. 십일조만 하면 되는 것이 아니라 하나님의 뜻대로 잘 사용해야 합니다. 저는 아이들에게 물질에 대해서는 이렇게 가르쳤습니다.

"성도들의 헌금으로 주어진 것이니 감사하며 사용해야 한다."

저에게 주어진 물질은 교회나 성도들을 통해 주어진 것이기 때문에 물질을 함부로 쓸 수가 없습니다. 쓸 때마다 생각하고 다시 생각하게 됩니다. 그럼 이제는 아이들이 취직을 해서 직장 생활을 통해 얻은 물질은 자기가 원하는 대로 마음껏 써도 됩니까? 아닙니다. 마찬가지입니다. 하나님께서 주신 것입니다.

제가 신학교에 들어갈 때만 해도 목회자가 된다는 것, 그리스도인이 된다는 것은 희생을 각오하는 길이었습니다. 그러나 하나님의 은혜로 오늘날의 교회와 성도, 목회자들은 많은 것을 누리게 되었습니다. 그런데 그 모든 은혜를 당연한 것으로 여기고, 아니 더 많은 것을 누리려고 탐욕을 부리고, 주신 것을 하나님의 뜻대로 사용하지 않고 죄를 짓는 데 쓰고 있는 교회와 목회자들이 있습니다. 지금 한국 교회가, 성도들이, 목회자가 바로 세워져야 합니다. 여기에 하나님의 경고가 들립니다.

"내 백성이 지식이 없으므로 망하는도다 네가 지식을 버렸으니 나도 너를 버려 내 제사장이 되지 못하게 할 것이요 네가 네 하나님의 율법을 잊었으니 나도 네 자녀들을 잊어버리리라" **호세아 4:6**

제사장 나라를 삼은 한국, 우리의 자녀를 버리겠다는 경고로 들립니다. 깨닫지 못하는 백성은 망합니다 호 4:14.

"이스라엘은 자기를 지으신 이를 잊어버리고 왕궁들을 세웠으며 유다는 견고한 성읍을 많이 쌓았으나 내가 그 성읍들에 불을 보내어 그 성들을 삼키게 하리라" **호세아 8:14**

아무리 인간적인 노력과 물질로 견고한 성과 집을 짓더라도 하나님이 심판하시면 즉시 무너지고 만다는 것입니다. 우리가 어려움에 처하는 이유는 우리를 도와주시는 하나님을 대적하기 때문입니다.

"이스라엘아 네가 패망하였나니 이는 너를 도와주는 나를 대적함이니라"

호세아 13:9

"그들이 그 죄를 뉘우치고 내 얼굴을 구하기까지 내가 내 곳으로 돌아가리라 그들이 고난 받을 때에 나를 간절히 구하리라" **호세아 5:15**

"오라 우리가 여호와께로 돌아가자 여호와께서 우리를 찢으셨으나 도로 낫게 하실 것이요 우리를 치셨으나 싸매어 주실 것임이라" **호세아 6:1**

! 사랑의 매를 드시는 하나님

호세아가 이스라엘을 향해 이렇게 회개를 촉구했지만 하나님께 돌아오는 자가 없었습니다. 하나님께로 돌아와서 도움을 청해야 하는데, 어리석은 비둘기같이 지혜가 없어서 하나님이 아닌 애굽을 향하여 부르짖고 앗수르로 도망을 갔습니다호 7:11. 앗수르나 애굽을 의지하지 말라고 하시는데, 어려움 가운데 도움을 주지 못할 우상에게, 사람에게, 나라에게 나아갔습니다. 하나님에 대한 지식이 없으므로 망하고호 4:6, 세상 가운데 섞여서 혼잡하게 되고호 7:8, 결국 하나님을 떠나게 됐습니다.

"내 백성이 끝끝내 내게서 물러가나니 비록 그들을 불러 위에 계신 이에게로 돌아오라 할지라도 일어나는 자가 하나도 없도다 에브라임이여 내가 어찌 너를 놓겠느냐 이스라엘이여 내가 어찌 너를 버리겠느냐 내가 어찌 너를 아드마같이 놓겠느냐 어찌 너를 스보임같이 두겠느냐 내 마음이 내 속에서 돌이키어 나의 긍휼이 온전히 불붙듯 하도다" 호세아 11:7-8

하나님은 죄에 빠진 이스라엘을 건져 주시기 위해 돌아오라고 하셨지만 이스라엘은 이를 거역하고 거짓을 말하며 탐욕을 위해서만 달려갔습니다호 7:13-14. 이렇게 말을 듣지 않으니 결국엔 사랑으로 징계하기로 하셨습니다.

"대저 여호와께서 그 사랑하시는 자를 징계하시기를 마치 아비가 그 기뻐하는 아들을 징계함 같이 하시느니라" 잠언 3:12

하나님께서 사랑의 매를 드시는데, 매만 보이고 하나님은 안 보인다면 문제입니다. 매를 드시는 하나님의 심정을 모르고 매만 아프다고 소리치면 문제입니다. 즉시 돌이키고 하나님께 돌아가야 합니다. 하나님께로 돌아가는 것은 회개를 의미합니다. 하나님과의 화해를 말합니다. 회개와 화해repentance and reconciliation, 이것이 영적, 정신적 치유의 길입니다. 하나님은 우리를 치유하시기를 원하십니다. 이것이 치유 목회입니다. 우리의 회개는 과거 죄인이었던 생활의 죽음과 새로운 삶의 부활을 의미합니다.

> "너희가 자기를 위하여 공의를 심고 인애를 거두라 너희 묵은 땅을 기경하라 지금이 곧 여호와를 찾을 때니 마침내 여호와께서 오사 공의를 비처럼 너희에게 내리시리라" 호세아 10:12

! 구속, 그 회복의 시작

사랑으로 구속하시는 하나님을 알아야 합니다. 호세아가 은과 양식을 주고 고멜을 포주의 손에서 다시 산 것처럼 하나님께서는 예수 그리스도의 십자가를 통하여 우리의 죗값을 지불하시고 우리를 구속하셨습니다. 사람을 변화시키는 길은 감동 감화하는 방법밖에 없습니다. 고멜이 다시 나갔다는 기록이 없으니 그 후에 새로워진 것 같습니다. 그래서 호세아의 이야기는 하나님의 이야기보다 '해피 엔딩' happy ending입니다. 왜냐하면 하나님에 대한 이스라엘의 부정은 지금까지 끝없이 반복되기 때문입니다.

하나님은 사랑으로 우리를 구원하십니다.

하나님의 사랑은 우리의 모든 허물을 용서하십니다.

하나님은 우리를 사랑하시며 지금이라도 돌아오기를 고대하십니다.

지금은 우리를 기다리시고, 돌아오라고 부르시는 사랑의 하나님 품으로 돌이켜야 할 때입니다.

"그러나 내가 에브라임에게 걸음을 가르치고 내 팔로 안았음에도 내가 그들을 고치는 줄을 그들은 알지 못하였도다" **호세아 11:3**

세상 무엇도 우리를 구원할 수 없고 오직 사랑으로 부르시는 하나님만이 우리를 구속하실 수 있습니다. 아무리 우리가 잘못되었어도 하나님은 끝까지 우리를 포기하지 않으십니다. 하나님께로 돌이켜야 합니다. 우리가 '로암미'^{내 백성이 아닌 자}, '로루하마'^{긍휼히 여김을 받지 못하는 자}였다 할지라도 '암미'^{내 백성}, '루하마'^{긍휼히 여김을 받는 자}로 변화되어야 합니다. 치유되고 회복되어야 합니다.

"그러나 이스라엘 자손의 수가 바닷가의 모래같이 되어서 헤아릴 수도 없고 셀 수도 없을 것이며 전에 그들에게 이르기를 너희는 내 백성이 아니라 한 그 곳에서 그들에게 이르기를 너희는 살아 계신 하나님의 아들들이라 할 것이라" **호세아 1:10**

"그러므로 보라 내가 그를 타일러 거친 들로 데리고 가서 말로 위로하고 거기서 비로소 그의 포도원을 그에게 주고 아골 골짜기로 소망의 문을 삼아 주리니 그가 거기서 응대하기를 어렸을 때와 애굽 땅에서 올라오던 날과 같이 하리라" **호세아 2:14-15**

"그런즉 너의 하나님께로 돌아와서 인애와 정의를 지키며 항상 너의 하나님을 바랄지니라" 호세아 12:6

죄를 버리고 하나님께 돌이키고 돌아와야 합니다. 하나님의 말씀을 마음 깊이 받아들이고 진심으로 회개해야 합니다. 세상의 다른 것들을 의지하지 말고 하나님만을 바라봐야 합니다.

"너는 말씀을 가지고 여호와께로 돌아와서 아뢰기를 모든 불의를 제거하시고 선한 바를 받으소서 우리가 수송아지를 대신하여 입술의 열매를 주께 드리리이다 우리가 앗수르의 구원을 의지하지 아니하며 말을 타지 아니하며 다시는 우리의 손으로 만든 것을 향하여 너희는 우리의 신이라 하지 아니하오리니 이는 고아가 주로 말미암아 긍휼을 얻음이니이다 할지니라" 호세아 14:2-3

그때 하나님의 진노가 떠나고 사랑이 임하여 아름다운 꽃과 열매를 맺게 될 것입니다 호 14:4-8. 이런 하나님을 아는 지식 가운데 우리는 날마다 자라가야 합니다. '매일매일 하나님을 알자'는 것이 우리 삶의 모토가 되어야 합니다. 하나님에 대한 새로운 깨달음이 없는 날은 낭비하는 날입니다.

"누가 지혜가 있어 이런 일을 깨달으며 누가 총명이 있어 이런 일을 알겠느냐 여호와의 도는 정직하니 의인은 그 길로 다니거니와 그러나 죄인은 그 길에 걸려 넘어지리라" 호세아 14:9

: 말씀 나누기 :

1. 호세아서를 읽고 받은 은혜를 나눕시다.

2. 호세아서의 요절은 어디라고 생각하십니까?

3. 호세아는 고멜과의 결혼을 통하여 무엇을 알게 되었습니까?

4. 호세아의 이야기를 통해 우리는 하나님의 무엇을 알아야 합니까?

: 은혜 나누기 :

1. 자신이 경험한 하나님의 사랑은 어떤 것입니까?

2. 하나님을 알기 위해 어떤 노력을 해야 한다고 생각합니까?

3. 하나님의 사랑을 지식이 아닌 삶에서 경험할 수 있도록 기도합
   시다.

일_{어나} 깨_어 움_{직여라}

2

요엘서의 배경

브두엘의 아들인 요엘은 '여호와는 하나님이시다'는 뜻을 가지고 있습니다. 그는 요시아가 통치하던 시대에 활동했다는 것과 BC 4세기 전반 포로기 이후 페르시아 제국 시대에 예루살렘에서 활동했다는 두 가지 주장이 있습니다.

예언의 말씀은 미래를 내다보는 말씀이라기보다는 오히려 특정한 시대에 주어진 말씀으로, 잘 분별하면 어느 시대나 적용할 수 있는 말씀이 됩니다.

!

요엘의 일깨움

"여호와의 날이 이르리라"

요엘 2:28-32

Awakening

❗ 자연재해를 통한 심판의 메시지

요엘서의 중심 주제는 '여호와의 날'로 이루어져 있습니다. 오순절의 예언자 또는 성령의 예언자라고 알려져 있는 요엘은 임박한 여호와의 날에 대한 메시지를 전했습니다.

요엘의 첫 번째 메시지는 임박한 여호와의 날에 대한 선포입니다. 요엘은 여호와의 날에 대해 여섯 번 언급하고 있습니다을 1:15, 2:1, 2:11, 2:31, 3:1, 3:14. 여호와의 날은 거룩한 전쟁의 개념이었는데, 요엘서에서는 하나님의 심판과 구원의 날을 말씀하고 있습니다. 요엘은 여호와의 날을 설명하기 위하여 당시의 메뚜기 재앙과 외적의 침입을 예로 듭니다.

여호와의 날이 임하면 포도나무, 밀과 보리, 무화과나무, 석류나무, 대추나무가 자라던 기름진 땅과 에덴 동산 같던 푸른 초원이 황폐한 들로 변합니다.

"불이 그들의 앞을 사르며 불꽃이 그들의 뒤를 태우니 그들의 예전의 땅은 에덴 동산 같았으나 그들의 나중의 땅은 황폐한 들 같으니 그것을 피한 자가 없도다" 요엘 2:3

또한 메뚜기 떼가 날아들어 모든 것을 일시에 다 먹어 치웁니다. 어떻게 해도 막을 수 없는 재앙이 갑자기 들이닥치는 것입니다. 팥중이메뚜기과의 곤충가 먹고 남긴 것을 메뚜기가 먹고, 메뚜기가 남긴 것은 느치가 먹고, 느치가 남긴 것을 황충이 먹습니다을 1:4. 곡식의 씨가 완전히 마르는 것입니다. 그래서 그곳의 식물은 다 메마르게 되어 거친 황무지가 되고 인간의 즐거움도 다 사라집니다을 1:12, 16. 시내도 다 마르고, 가축도 다 죽습니다. 마치 사방에서 힘센 외적들이 쳐들어와 약탈하므로 사지를 떨며 두려움에 빠져 창백하게 되는 것과 같습니다을 2:6.

이런 재앙은 일시적으로 지나가는 자연적인 현상이 아닙니다. 앞으로 거둘 모든 수확의 희망까지 다 빼앗아 가는 것입니다. 현재의 재난은 미래의 심판을 예고합니다. 이것은 여호와의 날에 대한 예고편입니다.

자연적인 재해는 문명이 발달한 오늘날에도 갑자기 닥쳐 엄청난 피해를 가져다줍니다. 재난, 기근, 전쟁, 쓰나미, 지진, 폭우, 산사태……. 우리가 최근에 듣고 본 것만 해도 일본 대지진으로 인한 쓰나미와 원전 방사능 누출사고, 강남 폭우와 산사태, 미동부 워싱턴과 뉴욕 지역을 휩쓸고 간 허리케인 아이린 등 자연의 위력이 얼마나 크며 인간의 능력이 얼마나 보잘것없는지를 잘 보았습니다.

만일 오존층이 파괴된다면 지구상의 생물들은 멸종될 것입니다. 온실효과로 지구 온도가 현재보다 몇 도만 올라가도 남극와 북극의 빙하가 녹아 온 육지를 물로 뒤덮어 버릴 것입니다. 지축이 약간만 흔들려도 지구는 이상기온으로 사람이 살 수 없는 환경이 되고 말 것입니다.

"그 앞에서 땅이 진동하며 하늘이 떨며 해와 달이 캄캄하며 별들이 빛을 거두도다" 요엘 2:10

이렇게 갑자기 크고 두려운 여호와의 날이 우리에게 임한다는 것입니다요 2:11. 그러므로 요엘은 2장 1절과 15절에 여호와의 날에 대한 경계경보를 발령합니다. 임박한 그 날을 위해 나팔과 호각을 불어 백성을 경각시키고 있습니다.

> "시온에서 나팔을 불며 나의 거룩한 산에서 경고의 소리를 질러 이 땅 주민들로 다 떨게 할지니 이는 여호와의 날이 이르게 됨이니라 이제 임박하였으니" **요엘 2:1**

> "너희는 시온에서 나팔을 불어 거룩한 금식일을 정하고 성회를 소집하라"
> **요엘 2:15**

❗ 심판 vs. 구원의 날

여호와의 날은 최종적인 결산의 날입니다. Pay day! 어떤 사람들은 이제까지 악을 행하면서도 "보라! 하나님이 심판하지 않는 것을 보니 하나님이 안 계신다"라고 조롱했을지도 모릅니다. 어떤 이는 "하나님이 왜 악한 자들을 그냥 내버려 두시는가? 왜 선한 자가 어려움을 당해도 도와주시지 않는가?" 하면서 하나님의 침묵에 대해 불평했는지 모릅니다. 여호와의 날은 드디어 하나님께서 침묵을 깨시는 날입니다. 여호와께서 자신을 하나님으로 만인 앞에 드러내시는 날입니다. 이 날은 악한 자에게는 두려움의 날이요, 의로운 자에게는 축복의 날입니다. 하나님을 대적하던 자에게는 심판의 날이요, 하나님을 부르던 자에게는 구원의 날입니다. 이날은 하나님께서 인간의 역사에 최종적으로 간섭하시는 날입니다.

베드로는 베드로후서 3장에 요엘이 예언한 '주의 날'을 다시 강조하여 증거합니다.

"사랑하는 자들아 주께는 하루가 천 년 같고 천 년이 하루 같다는 이 한 가지를 잊지 말라 주의 약속은 어떤 이들이 더디다고 생각하는 것같이 더딘 것이 아니라 오직 주께서는 너희를 대하여 오래 참으사 아무도 멸망하지 아니하고 다 회개하기에 이르기를 원하시느니라 그러나 주의 날이 도둑같이 오리니 그 날에는 하늘이 큰 소리로 떠나가고 물질이 뜨거운 불에 풀어지고 땅과 그 중에 있는 모든 일이 드러나리로다 이 모든 것이 이렇게 풀어지리니 너희가 어떠한 사람이 되어야 마땅하냐 거룩한 행실과 경건함으로 하나님의 날이 임하기를 바라보고 간절히 사모하라 그 날에 하늘이 불에 타서 풀어지고 물질이 뜨거운 불에 녹아지려니와 우리는 그의 약속대로 의가 있는 곳인 새 하늘과 새 땅을 바라보도다" 베드로후서 3:8-13

여호와의 날은 비단 요엘뿐 아니라 아모스^{암 5:18}, 이사야^{사 2:12}, 스바냐^{습 1:7}, 바울^{살전 5:2}도 말하고 있습니다. 그리고 우리에게 임하는 종말은 우주적으로 임하는 역사적 종말이 있는가 하면 개인적으로 임종을 맞이하는 개인적 종말이 있습니다. 주님이 우리에게 오시든지 우리가 주님께 가든지 둘 중 하나입니다. 어떤 것이 더 빠를지는 알 수 없습니다. 그러므로 우리는 종말론적 삶을 살아야 합니다. 그것은 언제든지 주님 앞에 설 준비를 하고 사는 것입니다.

우리는 지금 재림의 복음을 잃어버린 채 삽니다. 예수님께서 언제까지고 오시지 않을 것처럼, 심판이 없을 것처럼 삽니다. 재림도 복음입니다. 거룩하게 살아야 합니다. 우리의 믿음을 재확인하고 점검해야 합니다. 예수님의 재림은 노아의 홍수 때와 같습니다. 준비한 자만이 구원을 받습니다. 주의 강림파루시아은 '이미'와 '아직 아님' 사이에 놓여 있습니다. 초림은 이미 시작되었으나 재림은 아직 이루어지지 않은 상태입니다. 구약도 초림보다는 재림을 더 많이 예언하고 있습니다.

❗ 회개로 하나님의 은혜를 구하라

요엘의 두 번째 메시지는 여호와의 날을 맞을 우리의 자세입니다. 지금 바로 하나님께 돌아오라는 것입니다. 그것은 회개입니다. 요엘 2장 12절에서 17절 말씀에는 요엘을 통해 일으키시는 신앙 부흥 운동이 나와 있습니다. 신앙 부흥 운동은 회개로부터 시작됩니다.

"여호와의 말씀에 너희는 이제라도 금식하고 울며 애통하고 마음을 다하여 내게로 돌아오라 하셨나니" 요엘 2:12

"너희는 옷을 찢지 말고 마음을 찢고 너희 하나님 여호와께로 돌아올지어다 그는 은혜로우시며 자비로우시며 노하기를 더디하시며 인애가 크시사 뜻을 돌이켜 재앙을 내리지 아니하시나니” 요엘 2:13

'마음을 찢는 것'은 하나님께서 죄를 깨닫게 하실 때 인정하고 돌아오는 것, 기도에 게을렀음을 알 때 주님 앞에 엎드리는 것입니다. 영적인 것보다 육적인 것을 더 좋아하고, 하나님보다 사람들과 교제하는 것을 더 좋아하고, 사람의 칭찬과 인정을 구하고, 세상적인 대가를 바라고, 세상을 즐기고, 교만하고, 불순종하고, 완악했던 것들을 가슴 깊이 뉘우치며 통회하는 것입니다.

'돌아오라'는 것은 어디에선가 하나님을 떠나 성령님을 근심시키면서 자신을 의지하며 살았던 생활에서 돌이키라는 것입니다. 죄에서 용서를 받고 새로워지기 위해서 하나님께 돌아가야 합니다. 기도할 능력을 얻기 위해 하나님께 돌아가야 합니다. 힘과 비전을 얻기 위해 하나님께 돌아가야 합니다.

이 경고의 나팔을 듣기 위해서는 오직 하나님께 마음을 다해 돌이키는 철저한 회개가 요구될 뿐입니다. 경보가 울리기 전과 경보가 울린 다음의 태도는 완전히 달라져야 합니다. 이제라도 죄를 회개하고 하나님께로 돌이키면 심판이 아닌 용서와 구원을 얻게 됩니다. 이것은 단순히 지난날에 대한 후회가 아니라 완전히 그 길에서 돌이키는 회개입니다. 옷을 찢는 것이 외면적인 행위를 의미한다면 마음을 찢는 것은 전인적인 회개를 의미합니다. 이것은 예수님께서 말씀하신 “회개하라 천국이 가까이 왔느니라”마 3:2는 메시지를 구약에서 들려주고 있는 것입니다.

하나님의 대언자로서 요엘은 전 민족적인 회개와 기도를 요청하고 있습니다. 특별히 백성의 지도자인 제사장들부터 통회하고 자복하며, 회개할 것을 요구합니다. 쉬지 말고 금식하며 기도하라고 합니다. 그리고 모든 백성 곧 어린아이들, 젖먹이들은 물론 신혼이라 하여 전쟁터에도 나가지 않던 신랑, 신부도 다 나와, 살기 위하여 금식하고 하나님의 이름을 부르며 눈물로써 기도하라고 합니다. 전쟁보다도 더한 결단을 하라는 것입니다. 여기에 부흥을 위한 요엘의 명령이 나와 있습니다.

"지금 비신자들이 하나님의 자녀에게 '너희 하나님이 어디 있느냐?'라고 조롱하고 있다."

"이제 너희는 모여서 금식하며 회개하고 기도하라."

"'여호와여 주의 백성을 불쌍히 여기소서'라고 기도하라."

"여호와를 섬기는 제사장들은 낭실과 제단 사이에서 울며 이르기를 여호와여 주의 백성을 불쌍히 여기소서 주의 기업을 욕되게 하여 나라들로 그들을 관할하지 못하게 하옵소서 어찌하여 이방인으로 그들의 하나님이 어디 있느냐 말하게 하겠나이까 할지어다" 요엘 2:17

이 기도는 세리의 기도이고, 성도들의 오랜 기도가 되었습니다.

"상한 갈대를 꺾지 아니하며 꺼져가는 등불을 끄지 아니하는" 사 42:3

하나님께 은혜와 긍휼을 구해야 합니다. 우리의 기도는 오직 하나님의 긍휼을 바라고 회개하는 것뿐입니다.

> "내 이름으로 일컫는 내 백성이 그들의 악한 길에서 떠나 스스로 낮추고 기도하여 내 얼굴을 찾으면 내가 하늘에서 듣고 그들의 죄를 사하고 그들의 땅을 고칠지라" 역대하 7:14

❗ 회개로 희망을 얻은 백성

요엘의 세 번째 메시지는 회개하는 사람들에게 희망이 있다는 것입니다. 우리가 지난 날의 죄를 통회하고 눈물로 밤을 지새우며 금식함으로 기도할 때 하나님은 그 회개 소리를 들으시고 백성을 긍휼히 여기십니다.

> "그때에 여호와께서 자기의 땅을 극진히 사랑하시어 그의 백성을 불쌍히 여기실 것이라" 요엘 2:18

이때 우리를 향한 하나님의 긍휼의 마음은 불타는 열정입니다. 하나님은 응답으로 우리를 용납해 주시고 은혜와 복을 내려 주셔서 물질과 영적으로 우리를 다시 풍요롭게 하십니다욜 2:19-27. 또한 구원을 약속하시고, 물질적인 축복을 허락하시며욜 2:19, 22, 24-26, 외적을 물리쳐 주시고을 2:20, 이른 비와 늦은 비를 주시며을 2:23, 성령을 부어 주십니다을 2:28-32. 그리고 영원한 나라에 이르게 하십니다을 3:18-21.

> "그 날에 산들이 단 포도주를 떨어뜨릴 것이며 작은 산들이 젖을 흘릴 것이며 유다 모든 시내가 물을 흘릴 것이며 여호와의 성전에서 샘이 흘러 나와서 싯딤 골짜기에 대리라" **요엘 3:18**

> "내가 전에는 그들의 피흘림 당한 것을 갚아 주지 아니하였거니와 이제는 갚아 주리니 이는 여호와께서 시온에 거하심이니라" **요엘 3:21**

우리가 회개할 때 하나님께서는 은혜와 긍휼을 베풀어 주십니다. 구원받을 자격이 없음에도 구원받은 것이 은혜요, 심판받아 마땅한 우리가 심판받지 않아도 되는 것이 긍휼입니다. 우리가 하나님 앞에 회개할 때 하나님께서 우리 심령도, 땅도, 식물도, 짐승도 고쳐 주십니다. 절망이 변하여 희망으로, 심판이 변하여 구원으로, 슬퍼하며 두려움에 떨고 있던 우리가 기쁘고 즐거워하는 사람으로, 창백했던 우리가 새 힘으로 가득한 능력있는 자로 변화되는 위대한 일이 일어나게 됩니다.

그리고 우리에게 새로운 약속을 주십니다. 그것은 회개한 우리에게 성령님을 부어 주시겠다는 약속입니다.

! 성령충만으로 비전을 이루는 백성

"그 후에 내가 내 영을 만민에게 부어 주리니 너희 자녀들이 장래 일을 말할 것이며 너희 늙은이는 꿈을 꾸며 너희 젊은이는 이상을 볼 것이며 그때에 내가 또 내 영을 남종과 여종에게 부어 줄 것이며" 요엘 2:28-29

요엘 2장 28절과 29절 말씀은 오순절의 성령 강림에 대한 예언적 선포로, 우리가 받을 성령님을 약속한 말씀입니다.

베드로는 사도행전 2장 15절에서 21절에 요엘 말씀을 인용하여 성령 강림의 예언이 성취되었음을 설명하고 있습니다. 성령의 역사가 남녀노소, 빈부귀천을 떠나 누구에게나 임한다는 약속입니다. 예언자에게 내려지던 성령을 모든 사람이 받게 되는 것입니다. 사실 구약시대에는 모세, 사무엘, 다윗, 엘리야 같은 이스라엘 민족 중 특정한 사람에게만 성령의 역사가 있었습니다. 당시의 성령 강림은 일정한 기간 동안 특별한 일을 위해 임했었습니다. 그러나 지금은 이스라엘뿐 아니라 모든 민족에게 성령의 역사가 나타납니다. 오순절 성령 강림은 모두에게 차별 없이 임하신 성령님, 즉 성령의 민주화를 보여 주었습니다. 그만큼 하나님의 일은 급하다는 것입니다.

그러므로 우리는 성령을 충만히 받아야 합니다. 성령의 약속은 예수님께서 모든 나라, 모든 계층의 사람들에게 주신 것입니다. 하나님께서는 구하는 자에게 성령을 주십니다 눅 11:13. 성령님이 장악하는 삶은 이전과 완전히 달라집니다. 따라서 우리는 성령충만을 위해 숨은 죄를 자백하고, 믿음으로 구해야 합니다.

요엘은 성령이 부어질 때 "너희 자녀들이 장래 일을 말할 것이며 너희 늙은이는 꿈을 꾸며 너희 젊은이는 이상을 볼 것"욜 2:28이라고 했습니다. 젊은이는 힘이 있으니 이상을 볼 것이고, 늙은이는 힘은 없지만 꿈꾸는 것이 가능합니다. 성령님의 강한 임재는 희망적이며, 미래지향적입니다. 성령을 받고 나면 미래가 달라진다는 말입니다. 이는 사명과 관련이 있습니다. 성령은 젊은이에게는 비전을 늙은이에게는 꿈을 줍니다. 아이들이 어렸을 때 성령충만을 경험하면 삶의 목적이 분명해지고 목적이 이끌어 가는 삶을 살게 되어 성공적인 인생을 살아갈 가능성이 훨씬 커집니다.

초대교회 성도들 개개인은 보잘것없는 사람들이었을지 모르지만 성령님께서는 그들을 통하여 역사하시고 세계선교의 비전을 이루셨습니다. 성령님은 우리에게 비전과 열정을 주십니다. 그리고 우리의 구원을 약속해 주셨습니다.

> "누구든지 여호와의 이름을 부르는 자는 구원을 얻으리니 이는 나 여호와의 말대로 시온 산과 예루살렘에서 피할 자가 있을 것임이요 남은 자 중에 나 여호와의 부름을 받을 자가 있을 것임이니라" 요엘 2:32

크고 두려운 여호와의 날에 구원받을 자는 오직 여호와의 이름을 부르는 자입니다. 하나님께서는 이런 이들을 불러 구원해 주십니다. 이날에 여호사밧 골짜기, 즉 심판의 골짜기에서 열국이 심판을 받을 것이고, 악한 자들, 믿지 않는 자들은 영원한 형벌을 받게 될 것입니다 욜 3:1-15. 하나님의 인내에도 불구하고 믿는 자를 핍박하며 하나님께로 돌이키지 않던 자들은 여호와의 날에 하나님의 진노의 잔을 마시게 될 것입니다.

여호와의 날에는 하나님의 은총과 심판이 나란히 나타납니다. 주의 나타나심을 사모하는 자들에게는 구원의 날, 신원의 날이요. 하나님 없이 살던 인생들에게는 심판의 날, 보수의 날입니다 욜 3:21.

이날에 하나님은 믿는 자들의 산성이요, 피난처요, 구원자가 되실 것입니다 욜 3:16. 이날에 하나님께서는 하나님 되심을 세상에 널리 알리실 것입니다 욜 3:17.

우리에게 임박한 이 여호와의 날에 하나님의 이름을 부르고 회개하여 구원의 날로 맞이하겠습니까? 아니면 저 황무한 광야처럼 졸지에 멸망하는 크고 두려운 심판의 날로 맞이하겠습니까?

1. 요엘은 여호와의 날에 대해 여섯 번 언급하고 있습니다. 읽으면서 장과 절을 찾아보세요.

2. '여호와의 날'이 믿는 자들에게는 무슨 날이며, 하나님을 대적하던 자들에게는 어떠한 날입니까?

3. '여호와의 날'을 맞이하는 자세는 어떠해야 합니까? 욜 2:12-13

4. 요엘 2장 28절에서 29절은 무엇을 예언하고 있습니까? 행 2:15-21

: 은혜 나누기 :

1. 우리는 지금 여호와의 날을 어떻게 준비하고 있는지 이야기해 봅시다.

2. 여호와의 날에 우리는 예수님 앞에 어떤 모습으로 설지 생각해 봅시다.

3. 요엘 2장의 말씀이 개인적인 경험으로 나타날 수 있도록 기도합시다.

일 _{어나}깨_어움_{직여라}

3

아모스서의 배경

아모스는 유다 왕 웃시야[BC 783~742], 북 이스라엘 왕 여로보암 2세 [BC 786~742]가 통치하던 문화 · 정치 · 경제적으로 번영하던 시기에 활동했습니다. BC 760년경 이스라엘 최초의 문서 예언자인 아모스는 유다 출신으로 북 이스라엘에서 활동한 선지자입니다. 아모스는 예루살렘 남쪽에서 18킬로미터 떨어진 곳에 위치한 유다 산지 드고아 출신입니다. 그는 양을 치는 목동이요, 뽕나무를 배양하던 농부로, 하나님의 부르심을 받아 예언의 말씀을 전한 선지자입니다. 당시에는 사회적 분위기가 마치 21세기에 젊은이들이 스펙을 쌓는 것처럼 학벌, 출신, 경력을 따져 이를 좋게 하기 위한 노력이 치열했습니다. 그러나 아모스는 어디 하나 내놓을 것이 없는 선지자였습니다. 왕족 출신 이사야, 제사장 출신 예레미야와는 신분이 다른 사람입니다.

!

아모스의 일깨움

"나를 찾으면 살리라"

아모스 5:4-6

Awakening

! 선택된 하나님의 입

오래 전에 알라바마 버밍햄에 방문했을 때 마틴 루터 킹Martin Luther King 목사가 담임했던 교회와 그 옆에 세워진 기념비를 보면서 무척 감명을 받았습니다. 기념비는 원통의 대리석 중앙으로부터 물이 솟아나와 원 둘레로 흘렀는데, 그 상단에 "오직 정의를 물같이, 공의를 마르지 않는 강같이 흐르게 할지어다"암 5:24라고 기록되어 있었습니다. 이 말씀은 아모스의 주제 구절인데, 마틴 루터 킹 목사가 이 말씀의 정신을 이어받아 흑인들의 인권과 정의를 위해 일한 것을 상징적으로 보여 주고 있습니다.

"유다 왕 웃시야의 시대 곧 이스라엘 왕 요아스의 아들 여로보암의 시대 지진 전 이년에 드고아 목자 중 아모스가 이스라엘에 대하여 이상으로 받은 말씀이라" 아모스 1:1

우리는 아모스 1장 1절에서 '지진 전 이년'이란 말에 주목할 필요가 있습니다. 결국 이스라엘이 아모스의 경고를 받아들이지 않아 하나님의 심판이 임했다는 것을 시작부터 알려 줍니다. 호세아가 사랑의 선지자라면 아모스는 정의의 선지자로, 호세아와 아모스는 하나님의 양면이 사랑과 정의임을 잘 보여 주고 있습니다.

선지자는 단순히 미래에 일어날 일을 말하는 사람이 아닙니다. 선지자는 하나님으로부터 부르심을 받아 백성에게 준엄한 심판의 말씀을 전하는 사람입니다. 또한 회개한 자에게는 소망의 말씀을 전하는 사람입니다. 예언자의 말씀에는 과거와 현재 그리고 미래가 함께 들어가 있습니다.

아모스는 "여호와께서 이와 같이 말씀하시되"라는 구절을 반복해 언급하고 있습니다. 이와 함께 15회에 걸쳐 하나님을 1인칭 대명사인 '나'로 표현합니다. 즉 하나님의 말씀은 예언자의 입을 통해 선포되지만, 계속해서 말씀하시는 분은 하나님 자신이라는 것을 의미합니다. 하나님께서는 특별히 하나님의 사람을 불러 말씀을 전달하시는 분입니다.

당시에는 많은 제사장이 있었습니다. 그러나 그들은 하나님의 음성을 듣지 못했습니다. 그러자 하나님께서는 평범한 농부였던 아모스를 선택하셔서 하나님의 입, 하나님의 대변인으로 세우셨습니다.

아모스는 특별히 신학 수업을 받은 사람도 아니요, 제사장이나 율법 교사도 아니었고, 스스로 하나님의 말씀을 전하겠다고 작정한 일도 없었지만 하나님께서는 그를 통하여 말씀하셨습니다. "주 여호와께서 말씀하신즉 누가 예언하지 아니하겠느냐" 암 3:8 하나님께서 말씀하시니 말하지 않을 수 없다는 것입니다. 신약에 나오는 대로 만일 아모스조차 잠잠하고 말하지 않았다면 돌들이 소리쳤을 것입니다. 아모스서에는 말씀이 선포될 때마다 "들으라" 암 3:1, 4:1, 5:1고 반복적으로 선포됩니다. 우리를 향한 강력한 말씀입니다.

! 죄악의 폭로와 돌이킴의 호소

하나님께서 말씀하시니 아모스는 자기의 고향 드고아를 떠나 유다와 적대 관계에 있던 북 이스라엘에 가서 하나님의 말씀을 전하게 되었습니다. 사람들이 들으려고 하지 않는 곳, 본인도 가고 싶지 않은 곳이지만 하나님께서 가라 하시니 가야만 했습니다. 말씀의 짐을 지고 사명의 길을 떠나는 아모스는 고향을 떠난다는 어려움 외에, 자신의 직업을 버리는 결단, 사람들이 듣기 싫어하는 거북한 심판의 메시지를 전해야 한다는 부담을 감수해야 하는 상황이었습니다.

그래도 그는 말씀을 가지고 떠났습니다. 그가 전한 심판의 말씀은 다메섹^{아람}, 가사^{블레셋}, 두로, 에돔, 암몬, 모압, 유다 그리고 이스라엘에 대한 것이었습니다^{암 1-2장}. 이스라엘과 주변 6개국, 그리고 나중에 애굽과 구스^{암 9:7}까지 언급하는 것은 하나님이 한 지역이나 국가만이 아니라 만국을 다스리시는 주권자이심을 나타내는 것입니다. 아모스는 하나님께서 온 세계에 관심을 두고 있다는 것을 알려 줍니다. 하나님은 열방을 다스리시고 심판하시는 하나님입니다. 아모스의 예언은 주변의 문제가 자신의 문제로까지 파고들도록 하는 방식입니다. 남을 지적했을 때는 '그럼, 그렇지' 하며 수긍하지만 실상은 자신들에게 죄가 더 많습니다. 인신매매^{암 2:6}, 가난한 자 압제^{암 2:7}, 성적 타락^{암 2:7}, 채무자 착취^{암 2:8} 등 이스라엘의 죄상이 이방 민족보다 더 심합니다.

그들의 잘못을 구체적으로 지적하면서 '서너 가지 죄'에 대하여 심판의 엄중한 말씀을 전합니다. '서너 가지 죄'도 이렇게 엄중하다면 허

다한 죄가 있는 우리는 얼마나 더 큰 심판이 있겠습니까? 그런데 사실은 '서너 가지'는 '한두 가지가 아니라 많다' 는 뜻입니다. 아모스는 각 나라의 죄악을 지적하고^{암 1-2장}, 이어 다섯 가지의 설교^{암 3-6장}를 한후, 다섯 가지의 환상^{암 7-9장}에 대해 말합니다. 환상은 메뚜기 환상, 불환상, 다림줄 환상, 여름 실과 환상, 제단 파괴 환상입니다.

> "주 여호와께서는 자기의 비밀을 그 종 선지자들에게 보이지 아니하시고는 결코 행하심이 없으시리라" 아모스 3:7

아모스는 이스라엘의 죄악을 폭로하고 다가올 심판을 예언하며 반복하여 하나님께로 돌이키라고 호소하였습니다.

> 너희는 내게로 돌아오라 암 4:6-11
> 네 하나님 만나기를 준비하라 암 4:12
> 너희는 나를 찾으라 그리하면 살리라 암 5:4-8

! 삶과 일치되는 예배

이스라엘이 사는 길은 무엇입니까? 오직 하나님을 찾는 것입니다. 지금 우리는 무엇을 찾고 있습니까? 권력, 물질, 명예, 향락, 건강……. 그 무엇도 우리에게 생명을 주지 못합니다. 심지어 교회에 그저 출석하는 것만으로도 부족합니다. 예물을 드리며, 예배를 드리는 것으로도 부족합니다.

"벧엘을 찾지 말며 길갈로 들어가지 말며 브엘세바로도 나아가지 말라 길갈은 반드시 사로잡히겠고 벧엘은 비참하게 될 것임이라 하셨나니 너희는 여호와를 찾으라 그리하면 살리라 그렇지 않으면 그가 불같이 요셉의 집에 임하여 멸하시리니 벧엘에서 그 불들을 끌 자가 없으리라" 아모스 5:5-6

하나님의 집이라고 부르는 벧엘, 길갈과 브엘세바 같은 성소에 찾아간다고 자동적으로 하나님을 만날 수 있는 것은 아닙니다. 어떤 장소를 찾아가기 보다는 마음으로 회개하고 하나님을 찾아야 합니다.

"내가 너희 절기들을 미워하여 멸시하며 너희 성회들을 기뻐하지 아니하나니 너희가 내게 번제나 소제를 드릴지라도 내가 받지 아니할 것이요 너희의 살진 희생의 화목제도 내가 돌아보지 아니하리라 네 노랫소리를 내 앞에서 그칠지어다 네 비파 소리도 내가 듣지 아니하리라" 아모스 5:21-23

"이스라엘 족속아 너희가 사십 년 동안 광야에서 희생과 소제물을 내게 드렸느냐" 아모스 5:25

하나님께서 그동안 이스라엘이 드린 제사를 잊으셨나요? 아닙니다. 그동안 드린 제사가 하나님께서 받으실 만한 제사가 아니었다는 것입니다. 제사를 헛되게 드렸다는 것입니다. 자기만족을 위한 제사였지, 하나님을 위한 제사가 아니었습니다. "이스라엘 자손들아 이것이 너희가 기뻐하는 바니라"암 4:5 하나님께서 기뻐하시는 것이 아니라는 것입니다.

예배와 일상의 삶이 불일치되는 예배, 정의가 변질된 예배, 신령과 진정으로 드려야 하는 마음이 결여되어 있는 형식적인 예배는 소용이 없습니다. 예배에 있어서 예배자는 예물보다 우선입니다. 예배자가 먼저 드려져야 그가 드린 예물이 열납됩니다. 하나님은 우상이 아닙니다. 일상생활이 하나님 보시기에 아름답고 거룩해야 예배도 받으십니다. 하나님을 찬양하고 예배하는 것이 일상생활에서도 가능해야 합니다. 가난한 자들, 약한 자들을 배려하고 정의를 실천하는 삶이 바로 하나님께서 받으실 바른 예배를 드리는 길입니다.

"너희는 살려면 선을 구하고 악을 구하지 말지어다 만군의 하나님 여호와께서 너희의 말과 같이 너희와 함께하시리라 너희는 악을 미워하고 선을 사랑하며 성문에서 정의를 세울지어다 만군의 하나님 여호와께서 혹시 요셉의 남은 자를 불쌍히 여기시리라" 아모스 5:14-15

❗ 개혁을 부르짖는 목소리

아모스서의 메시지는 정의와 공의가 담긴 개혁적인 말씀입니다. 아모스는 하나님의 모습 중에 의로우신 모습을 강조하며 사회 정의와 개혁을 부르짖었습니다. 아모스는 전문적인 교육을 받지 않았으므로 사람에게서 온 말씀이 아니라, 하나님께 직접 받은 말씀을 전했습니다. 그런 확신 때문에 전문적인 제사장이나 부자, 권력자, 왕 앞에서도 심판의 말씀을 담대하게 선포하였습니다.

그는 철학·신학·경제학·사회학적으로 말하지 않았습니다. 단도직입적으로 말하였습니다. 미사여구로 꾸미지 않고 직설적으로 말하였습니다. 그는 농부처럼 당시의 귀부인들을 향해 외쳤습니다. 이 "바산의 암소들아!"암 4:1 그리고 그가 농부였던 시절의 경험을 동원한 은유적 표현이 많이 나옵니다. '메뚜기와 지진'암 1:1, 7:1, 8:8, 9:5, '타작하듯'암 1:3, '수레가 흙을 누름 같이'암 2:13, '덫'암 3:5, '갈고리와 낚시'암 4:2, '쟁기와 소'암 6:12, '포도원'암 9:14, '여름 과일 광주리'암 8:1, '체질'암 9:9.

아모스는 당시 힘이 곧 정의였던 패역한 시대에 자행된 수많은 부정의를 회개하라고 촉구하고 있습니다. 주님께서는 아모스에게 부패한 모든 상황을 보여 주셨습니다. 당시의 사람들이 당연하게 여겨서 보지 못하던 것들을 볼 수 있는 눈을 하나님께서 열어 주신 것입니다. 그러므로 "주 여호와께서 내게 보이신 것이 이러하니라"암 7:1, 4, 7, 9:1고 말할 수 있었습니다. 그리고 그 상황에 아모스가 말하도록 하나님께서 부르짖으셨습니다암 1:2, 3, 6, 9, 11.

① 그는 정치·경제·종교의 총체적 타락상을 지적하고 있습니다

- 가난한 자들은 방 한 칸이 없어 난리인데, 부자들은 무절제한 사치로 겨울 별장, 여름 별장, 상아로 만든 침대에서 호위호식하고 있다^{암 3:15}.
- 가진 자들과 힘 있는 자들의 탐욕은 끝도 없어 가난하고 힘없는 자를 압제하고 학대하며 그 없는 중에도 착취해 가고 있다^{암 4:1}.
- 가난한 자를 짓밟고 임금을 착취하고, 힘겨운 세금을 거두어 부정직하게 축적하고 있다^{암 5:11-12}.
- 사치와 안일주의에 빠져 과소비하고, 먹고, 마시고, 춤추고, 온갖 향락을 즐긴다.
- 뇌물을 받고 판결을 굽게 하고, 약하고 힘없는 자를 팔고^{암 2:6}, 가난한 자를 학대하고 음란을 행하고, 우상숭배한다^{암 2:7-8}.
- 정의를 쓸개로 바꾸며, 공의의 열매를 쓴 쑥으로 만들고, 허무한 것을 기뻐하고 교만하다^{암 6:12-13}.
- 책망하는 자를 미워하며 정직히 말하는 자를 싫어한다^{암 5:10}.
- 예배가 타락했다^{암 5:21-25}. 위선·형식·물질주의적 종교관에 신물 난다.

② 저당법과 세법의 악용에 대해 비판하고 있습니다

"여호와께서 이와 같이 말씀하시되 이스라엘의 서너 가지 죄로 말미암아 내가 그 벌을 돌이키지 아니하리니 이는 그들이 은을 받고 의인을 팔며 신 한 켤레를 받고 가난한 자를 팔며 힘 없는 자의 머리를 티끌 먼지 속에 발로

밟고 연약한 자의 길을 굽게 하며 아버지와 아들이 한 젊은 여인에게 다녀서 내 거룩한 이름을 더럽히며" 아모스 2:6-7

"너희가 힘없는 자를 밟고 그에게서 밀의 부당한 세를 거두었은즉 너희가 비록 다듬은 돌로 집을 건축하였으나 거기 거주하지 못할 것이요 아름다운 포도원을 가꾸었으나 그 포도주를 마시지 못하리라" 아모스 5:11

③ 사치와 방탕에 대해 비판하고 있습니다

"상아 상에 누우며 침상에서 기지개 켜며 양 떼에서 어린 양과 우리에서 송아지를 잡아서 먹고 비파 소리에 맞추어 노래를 지절거리며 다윗처럼 자기를 위하여 악기를 제조하며 대접으로 포도주를 마시며 귀한 기름을 몸에 바르면서 요셉의 환난에 대하여는 근심하지 아니하는 자로다" 아모스 6:4-6

④ 부정을 저지르는 재판에 대해 비판하고 있습니다

"너희의 허물이 많고 죄악이 무거움을 내가 아노라 너희는 의인을 학대하며 뇌물을 받고 성문에서 가난한 자를 억울하게 하는 자로다" 아모스 5:12

⑤ 부패한 상거래와 인신매매를 비판하고 있습니다

"가난한 자를 삼키며 땅의 힘없는 자를 망하게 하려는 자들아 이 말을 들으라 너희가 이르기를 월삭이 언제 지나서 우리가 곡식을 팔며 안식일이 언제 지나서 우리가 밀을 내게 할꼬 에바를 작게 하고 세겔을 크게 하여 거짓 저울로 속이며 은으로 힘없는 자를 사며 신 한 켤레로 가난한 자를 사며 찌꺼기 밀을 팔자 하는도다" 아모스 8:4-6

이렇게 아모스는 공의의 타락, 혹독한 압제, 사치스러운 생활, 육을 좇는 생활, 약자에 대한 무자비한 착취, 도덕적 부패, 정치적 부정의, 의식적인 종교, 경제적 부익부 빈익빈, 토지 강탈 등을 비판하면서 하나님의 심판을 선언하였습니다. 하나님의 다림줄로 재었을 때 몹시 비틀려 있어, 허물고 다시 지을 수밖에 없는 상황을 보여 주고 있습니다 암 7:7.

❗ 힘없는 자가 대접받는 정의로운 사회

아모스의 선포는 우리 시대에 다시 외쳐져야 합니다. 한국의 정치 · 경제 · 도덕 · 종교적 상황이 아모스가 지적한 하나님의 심판의 대상이 되고 있습니다. 오직 정의를 물같이 공의를 마르지 않는 강같이 흘려야 합니다 암 5:24. 이것만이 살 길입니다. 보수적인 기독교 진영에서도 사회 정의, 사회 책임을 외쳐야 합니다. 우리는 몸소 사회 정의를 실천해야 하고 나아가 사회에 예언자적인 발언을 해야 합니다.

아모스가 말하는 정의는 계산적인 분배의 정의나 힘의 균형에서 오는 정의 이상의 것입니다. 힘의 질적인 변화가 있어야 합니다. 부리는 힘에서 섬기는 힘으로의 변화가 와야 합니다. 오늘날은 많은 사람이 정의를 말합니다. 정치 지도자도, 재벌도 정의 사회가 구현되고 있다고 말합니다. 그러나 엄밀한 의미에서 그들이 말하는 정의는 정의가 아닙니다. 정의의 바로미터는 힘 있는 자에게가 아니라 힘없는 자에게 있습니다. 사회 정의의 지수는 그 사회 속에서 힘없는 자, 즉 가난한 사람, 장애인, 노동자, 고아, 과부들이 정의를 느낄 수 있느냐에 달려 있습니다. 이들이 대접받는 사회가 정의로운 사회입니다.

① 정의는 역동적인dynamic 개념입니다

정의는 돌진하는 강물과 같습니다. 깨끗하게 정화하고, 잘못된 것을 수술하고, 치료하는 생동적인 것입니다. 부정의에 막히고, 체증 걸린 탁한 것들을 일신하여 몰아내는 도도한 물결입니다.

② 정의는 하나님이 하신 일에 대한 인간의 마땅한 응답response입니다

인간에게는 정의가 없습니다. 오직 하나님만이 의로우신 분입니다. 그러므로 우리의 정의는 하나님의 정의에 기초해야 합니다. 하나님은 은혜로 우리를 구원하시고 하나님의 말씀을 따라 살도록 하셨습니다. 이 은혜에 보답하는 마음으로 하나님의 뜻을 따르는 것이 의로운 삶입니다. 이것이 세상에서 드리는 참된 예배입니다. 제물만 가지고는 하나님께 예배할 수 없습니다. 의가 있어야 합니다.

③ 정의는 힘없는 자^{약자}들을 옹호하는advocate 행위입니다

특별히 성서에는 학대받는 자, 과부, 고아를 돌보라고 하였습니다^사 ^{1:17}. 여기에다 나그네^{신 16:11, 24:19-22}, 노인^{레 19:32}을 대접하라고 했습니다. 이들을 돕는 것이 주님을 돕는 것이요, 정의를 위하여 사는 것입니다. 이들에게서 주님을 볼 수 있어야 합니다.

"사람이 떡으로만 살 것이 아니요 하나님의 입으로부터 나오는 모든 말씀으로 살 것이라"^{마 4:4}고 했는데, 당시 이스라엘은 물질적인 풍요 속에서도 하나님의 말씀을 듣지 아니하므로 영적 기근 상태에 빠져 있었습니다. 사실 지금도 성경말씀을 서적, 테이프, 라디오, 텔레비전, 인터넷에서 수없이 보고 들을 수 있지만 영적인 기갈을 면치 못하고 있습니다.

"주 여호와의 말씀이니라 보라 날이 이를지라 내가 기근을 땅에 보내리니 양식이 없어 주림이 아니며 물이 없어 갈함이 아니요 여호와의 말씀을 듣지 못한 기갈이라" ^{아모스 8:11}

여기에서 '듣지 못한'이라는 말은 '순종하지 않는다'는 말입니다. 그러므로 하나님 말씀을 모른다는 것은 하나님 말씀에 순종하지 않는다는 뜻입니다. 하나님 말씀에 순종하지 않으니 말씀이 사라지는 것이 당연합니다. 마치 엘리 제사장 때 말씀이 희귀하고 하나님의 이상^{비전}이 없었던 영적 암흑기와 비슷한 상황입니다^{삼상 3:1}. 순종하지 않으니 더는 하나님의 음성이 들리지 않았습니다. 오늘날도 물질적인 풍요 속에

하나님의 말씀을 듣지 아니하므로 영적 기근 상태에 빠져 죽어가는 인생을 도처에서 많이 볼 수 있습니다.

❗ 참 선지자와 거짓 선지자

아모스 7장 10절에서 17절에는 당시 이스라엘 수도벧엘의 제사장 아마샤와 시골인 드고아 농부 출신 아모스의 극단적인 대립이 나옵니다. 아마샤는 소위 종교 귀족으로 전문적인 교육을 받고, 권위 있는 종교 지도자로 왕과 교분을 통하고 부패한 왕권을 축복하면서 기득 권력의 맛을 보며 살아가는 사람이었습니다. 직업 종교인으로 타락한 아마샤는 아모스의 메시지를 '정치적 선동' 으로 왜곡하고 모함하였습니다.

> "때에 벧엘의 제사장 아마샤가 이스라엘의 왕 여로보암에게 보내어 이르되 이스라엘 족속 중에 아모스가 왕을 모반하나니 그 모든 말을 이 땅이 견딜 수 없나이다 아모스가 말하기를 여로보암은 칼에 죽겠고 이스라엘은 반드시 사로잡혀 그 땅에서 떠나겠다 하나이다" 아모스 7:10-11

아마샤는 하나님의 말씀을 대언하는 아모스를 왕에게 고발했습니다. 왕을 모반謀反한다고 모함한 것입니다. 그러면서 아모스에게는 "네 고향에 돌아가 밥이나 먹으라"고 했습니다. 그는 예언하는 일을 먹고 살기 위한 생계수단으로 연결시켰습니다. 그러면서 다시는 자기 지역에 들어와 예언하지 말라고 위협하였습니다.

> "아마샤가 또 아모스에게 이르되 선견자야 너는 유다 땅으로 도망하여 가서 거기에서나 떡을 먹으며 거기에서나 예언하고 다시는 벧엘에서 예언하지 말라 이는 왕의 성소요 나라의 궁궐임이니라" 아모스 7:12-13

아마샤에게 말씀을 전하는 일은 소명이라기보다는 먹고 살기 위한 수단이었습니다. 그는 세상적인 명분과 이익을 중시하며 권위주의에 사로잡혀 있는 거짓 선지자였습니다. 거짓 선지자는 하나님께 말씀을 받지 않고 자의로 자기를 위해 말합니다. 거짓 선지자는 사람들이 듣기 좋아하는 이야기를 전하고 인기를 얻습니다. 그러나 참 선지자는 하나님께서 주신 말씀을 전하기 때문에 때로는 사람들의 귀에 거슬리는 말씀을 전하게 되어 배척을 당합니다. 예레미야서에도 거짓 선지자와 참 선지자의 대결이 나옵니다. 주님은 "거짓 선지자는 평안하다 평안하다 말하나 참된 평화가 없다"렘 6:14고 말씀합니다.

거짓 선지자는 부패한 정권을 옹호하고 축복하며, 하나님의 참 선지자를 모략하여 거짓 평화를 말하는 직업적인 종교인들입니다.

북한과의 평화를 말하는 것도 중요하지만 정의와 인권도 말해야 합니다. 그러지 않으면 거짓 평화가 됩니다. 평화가 정의를 보장해 주는 것이 아니라 정의가 평화를 지탱해 줍니다. 때로는 무리한 복지 정책을 내걸고 이에 대해 갑론을박하는 경우를 자주 봅니다. 그러나 인기 영합이나 단기적인 처방보다 책임질 수 있고 실현 가능한 정책을 제시해야 합니다.

그렇다고 기독교가 정치적 입장에 직접적으로 개입하거나 세속 정당을 만들어 현실 정치에 기독교의 이름으로 직접 개입하는 것은 좋지 않습니다. 그러나 예언자적 발언은 할 수 있어야 합니다. 이것은 도덕적 우월성과 대외 신뢰도가 있어야 가능합니다. 이익집단이나 기득권 세력에 들어가면 맛을 잃게 됩니다. 지금 국민은 사심 없이 말하고 일하는 그런 세력을 갈망하고 있습니다. 종교 단체나 심지어 NGO도 세속 정치에 몸을 담으면 힘을 잃어버리고 맙니다.

한국 교회 지도자들은 과거 독재 정부에 바른 예언자적인 발언을 하지 못하고 마치 정부 대변인처럼 "평안하다 평안하다"고 말했던 부끄러움이 있습니다. 정부가 초청하는 국가 조찬 기도회에 참석하여 "위대한 지도자", "정의로운 사회를 건설하신", "오래 장수하시고", "하나님께서 축복하셔서" 등 대통령이 듣기 좋아하는 이야기를 늘어놓고, 하나님을 예배하는지 대통령을 예배하는지 알 수 없는 말을 했습니다. 하나님을 대변하고, 어려움 중에 있는 국민을 대변해야 하는 사람이 왜 말을 제대로 하지 못합니까? 그렇다고 좌파나 야당 인사가 되라는 것이 아닙니다. 어느 정권이 들어서도 예언자적인 발언을 계속하라는 것입니다. 완전한 정권은 없기 때문에 이 땅에는 항상 예언적인 발언이 필요합니다.

❗ 하나님께 순종하는 참 선지자

거짓 선지자를 향한 아모스의 쓴소리가 이어집니다.

"아모스가 아마샤에게 대답하여 이르되 나는 선지자가 아니며 선지자의 아들도 아니라 나는 목자요 뽕나무를 재배하는 자로서 양 떼를 따를 때에 여호와께서 나를 데려다가 여호와께서 내게 이르시기를 가서 내 백성 이스라엘에게 예언하라 하셨나니 이제 너는 여호와의 말씀을 들을지니라 네가 이르기를 이스라엘에 대하여 예언하지 말며 이삭의 집을 향하여 경고하지 말라 하므로 여호와께서 이와 같이 말씀하시기를 네 아내는 성읍 가운데서 창녀가 될 것이요 네 자녀들은 칼에 엎드러지며 네 땅은 측량하여 나누어질 것이며 너는 더러운 땅에서 죽을 것이요 이스라엘은 반드시 사로잡혀 그의 땅에서 떠나리라 하셨느니라" 아모스 7:14-17

여기에서 아모스는 자신이 자발적으로 하나님의 말씀을 전하거나, 교육받은 것을 전하는 것이 아니라 하나님께서 직접 부르셔서 주시는 말씀을 전한다고 하였습니다. 아모스는 "나는 선지자도 아니며 선지자의 아들도 아니다"라고 말합니다. 인간의 전통이나 세습 또는 직업적인 발로에서 말하는 것이 아닙니다. 하나님께서 직접 주신 말씀을 전할 뿐입니다. 이 하나님의 부르심은 거역할 수 없는 강권적인 것입니다. "주 여호와께서 말씀하신즉 누가 예언하지 아니하겠느냐"암 3:8 여기에 말씀의 권위가 있습니다. 세습적인 왕권과 제사장과는 다른, 하나님께서 직접 부르시는 사사와 예언자적 전통에 서서 아모스는 선포하고 있습니다.

아모스는 비록 배운 것도 없는 평범한 농부였지만 하나님으로부터 직접 말씀을 받아 제사장과 왕, 백성에게 하나님의 심판을 예언하는 용기 있는 사람이었습니다. 임박한 심판을 피하기 위한 회개를 역설했습니다. "하나님을 찾으라, 하나님께 돌아오라"고 외쳤습니다. 그는 거절당할 것도, 인기가 없을 것도 잘 알고 있었지만 세상에 인정받기보다는 하나님께 인정받기를 원했고, 하나님의 사람이 되기를 원했습니다. 그래서 그 시대에는 배척을 당하고, 미움을 사고, 심지어 목숨까지 위태로워졌습니다.

> "베드로와 사도들이 대답하여 이르되 사람보다 하나님께 순종하는 것이 마땅하니라" 사도행전 5:29

사도들이 예수님을 전하지 말라는 대제사장의 위협에 대하여 "사람보다 하나님께 순종하는 것이 옳다"고 말한 것과 같습니다. 사람을 기쁘게 하기보다는 하나님을 기쁘게 하는 사람이 하나님의 사람입니다. 하나님은 우리에게 이렇게 말씀하십니다.

> "누가 내 마음을 알아 가르치겠느냐?"

> "누가 주의 마음을 알아서 주를 가르치겠느냐 그러나 우리가 그리스도의 마

음을 가졌느니라" **고린도전서 2:16**

오늘날에도 하나님께서 우리에게 원하시는 것이 무엇인지를 받아 전하는 사람이 필요합니다. 직업적인 예언자가 아니었던 아모스처럼 독립성을 지니면서도 사회·정치·교육·교회에 대하여 예언자적인 말씀을 전하는 평신도 지도자들이 일어나야 합니다. 선지자들이 외치지 않으니 목자가 일어나 말씀을 전한 것처럼 우리가 전하지 않으면 돌들이 소리칠 것입니다.

아마샤는 성령으로 시작하여 육체로 마친 사람이지만, 아모스는 육체로 시작하여 성령으로 산 사람입니다. 소명이 생계의 수단이 된 아마샤와 불타는 소명으로 살았던 아모스는 이처럼 같은 시대를 살았지만, 품었던 생각은 사뭇 달랐습니다. 아모스는 믿음의 열정과 사회적 통찰력을 고루 갖춘, 하나님께서 인정하시는 진정한 예언자였습니다.

❗ 삶에 적용할만한 아모스의 일깨움

마지막으로 아모스의 말씀을 듣고 우리의 삶에 결단할 세 가지 사실을 지적하고자 합니다.

① 검소한 생활 Simple life style을 합시다

교회에 장기 결석하는 성도들을 심방해 보면 생활에 쪼들려서 주일에도 일해야 하기 때문에 교회에 오지 못합니다. 그러면서 하는 말이 자신들이 한 달에 500만 원은 있어야 생활을 유지한다고 합니다. 저는 너무 놀라서 "왜 그렇게 많이 듭니까?" 하고 물으니 이것저것 항목을 대는데, 매달 날아오는 '빌'bill 고지서이 얼마나 많은지 그 '빌'을 다 내려면 '빌빌' 거리고 살 수 밖에 없는 것입니다. 그러니 교회에도 못 오고, 봉사도 못하고, 빚이라는 짐에 눌려 삽니다. 이러한 삶을 청산해야 합니다. 삶을 단순화하고, 속도를 줄이고, 신용카드를 버리고 사치품 구매를 끊어야 합니다.

② 삶의 양Quantity of life보다는 삶의 질Quality of life을 추구합시다

과거에 살았던 사람들은 현대 문명의 이기를 갖추지 않고서도 지금보다 높은 삶의 질을 누렸습니다. 가난한 나라에 가 보면 우리보다 부족한 것이 많아도 행복 지수는 높은 경우를 보게 됩니다. 삶의 질은 물질의 풍부함에 있지 않습니다. 마음의 평안, 가족과의 사랑, 친구와의 우애, 성도와의 교제, 봉사하는 삶 등이 양질의 삶을 살도록 인도합니다. 양만 추구하면 비대하게 되어서 유지하기도 힘들고, 하나님 나라에 올라가다가 무거워서 중도에 떨어지고 말 것입니다. 우스운 예로, 중국 하이난행 비행기가 승객들의 짐 때문에 이륙을 못했던 적이 있습니다. 골프채를 너무 많이 실어서 그랬다고 보도되었습니다.

③ 정의를 위해 일합시다

이것은 거창한 구호가 아닙니다. 바로 우리의 삶으로부터 하나님의

의가 이루어지도록 노력하는 일입니다. 우리는 가정을 화목하게 가꾸고, 나아가 우리 주변에 약한 사람들을 돕고 그들의 권익을 위해 노력해야 합니다. 가난한 사람, 어려움을 겪는 사람, 장애를 가진 사람, 나그네 된 사람외국인 노동자, 탈북민을 위해 일해야 합니다. 정의를 위해 일하는 사람이 하나님의 자녀라 칭함을 받을 것입니다.

무서운 심판의 메시지 후에도 하나님을 찾고 돌아오는 사람들에게는 희망의 메시지가 있습니다.

"그 날에 내가 다윗의 무너진 장막을 일으키고 그것들의 틈을 막으며 그 허물어진 것을 일으켜서 옛적과 같이 세우고 그들이 에돔의 남은 자와 내 이름으로 일컫는 만국을 기업으로 얻게 하리라 이 일을 행하시는 여호와의 말씀이니라 여호와의 말씀이니라 보라 날이 이를지라 그 때에 파종하는 자가 곡식 추수하는 자의 뒤를 이으며 포도를 밟는 자가 씨 뿌리는 자의 뒤를 이으며 산들은 단 포도주를 흘리며 작은 산들은 녹으리라 내가 내 백성 이스라엘이 사로잡힌 것을 돌이키리니 그들이 황폐한 성읍을 건축하여 거주하며 포도원들을 가꾸고 그 포도주를 마시며 과원들을 만들고 그 열매를 먹으리라 내가 그들을 그들의 땅에 심으리니 그들이 내가 준 땅에서 다시 뽑히지 아니하리라 네 하나님 여호와의 말씀이니라" 아모스 9:11-15

"내가 땅의 모든 족속 가운데 너희만을 알았나니"암 3:2라는 말씀이 있습니다. 우리를 향한 하나님의 마음입니다. "야곱의 집은 온전히 멸하지는 아니하리라"암 9:8, "다윗의 무너진 장막을 일으키고"암 9:11라는 말씀은 이런 하나님과 언약의 관계가 회복됨을 의미합니다. 회복된 이스라엘의 모습입니다. 올바른 예배, 정의로운 사회입니다. 예배의 회복과 풍요로움 그리고 하나님 백성다운 삶을 살게 되는 것입니다. 하나님이 우리의 미래입니다.

: 말씀 나누기 :

1. 아모스를 읽으며 받은 은혜의 말씀을 나누어 봅시다.

2. 아모스가 예언하는 재앙이 우리에게 말하고자 하는 것은 무엇입니까? 암 4:6-11

3. 우리는 어떻게 해야 살 수 있습니까? 암 5:4-6, 14

4. '지진 전 이년' 암 1:1은 이스라엘이 아모스를 통해 전한 말씀을 어떻게 했다는 것을 암시합니까?

: 은혜 나누기 :

1. 요절을 암송해 보십시오. 암 5:24, 8:11

2. 우리 삶에서 이룰 수 있는 정의는 어떤 것입니까?

3. "하나님이 우리의 미래입니다"라는 말의 의미를 생각하며 함께 기도합시다.

4

오바댜서의 배경

오바댜서는 선지자 개인에 대한 소개 없이 곧바로 에돔에 대한 예언이 나옵니다. 오바댜의 이름은 '여호와의 종' 또는 '여호와를 예배하는 자' 라는 뜻입니다. 정확한 연대에 대해서는 많은 논란이 있지만 대개 오바댜는 BC 587년 예루살렘 멸망 후에 활동한 예언자로 알려져 있습니다. 오바댜서는 구약에서 제일 짧은 책으로 한 장총 21절으로 되어 있습니다. 1절부터 16절까지는 에돔의 멸망 그리고 17절부터 21절까지는 이스라엘의 회복에 대한 말씀입니다참고로 예레미야 49장 7절부터 22절에도 에돔이 받을 심판에 대한 동일한 말씀이 언급되어 있습니다.

에돔은 남쪽으로는 아프리카에 이르고 북쪽으로는 모압에 이르는 사해 남부 지역을 차지한 나라입니다. 사해 동남쪽 세렛강 남쪽 '왕의 대로' 를 따라 길게 놓여 있는 나라입니다.

오바댜는 이스라엘이 곤경에 처한 것을 즐거워하던 에돔이 어려움을 당하게 될 것이라고 예언합니다. 남의 불행을 즐기던 에돔의 운명을 말하고 있는 것입니다. 처음 어려움을 당했던 이스라엘은 회복이 되지만, 잘되는 것 같았던 에돔은 나중에 패망하고 맙니다. 하나님의 사람들과 세상 사람들의 현재와 미래를 설명하는 것 같습니다.

!

"나라가 여호와께 속하리라"

오바댜 1:1-9

Awakening

! 교만의 선봉자인 에돔

에돔과 이스라엘은 원래 같은 아버지에게서 시작되었습니다. 이삭은 에서와 야곱 두 아들을 두었는데, 이들은 어머니 배 속에서부터 서로 다투었습니다. 그리고 같은 형제이면서도 서로 적대 관계를 가지는 두 민족의 조상이 됩니다. 에돔은 에서의 후손이며, 이스라엘은 야곱의 후손입니다. 이들은 가까이 있었지만 항상 서로 대적하였습니다.

오바댜는 21절에 말씀한 바와 같이 세상 모든 왕권, 즉 주권이 하나님께 속하여 있음을 선포합니다. 더불어 하나님은 이스라엘뿐 아니라 에돔 그리고 모든 나라, 모든 백성을 심판하시는 하나님이라고 말씀하고 있습니다. 오바댜는 에돔의 여러 가지 죄악을 지적하면서 심판을 예

이스라엘의 주변국

고하고 있습니다.

그러면 에돔의 구체적인 죄는 무엇이었습니까?

첫째, 에돔의 죄는 오만 즉 교만입니다. 에돔은 스스로 자신이 부족한 것이 없다고 말하고 그 자만심으로 자신을 속이는 자들이었습니다. "교만이 너를 속였도다"옵 1:3 교만은 스스로를 속이는 행위입니다. 지혜가 없는 어리석은 짓입니다. 마치 요한계시록에 나오는 라오디게아 교회와 같습니다.

> "네가 말하기를 나는 부자라 부요하여 부족한 것이 없다 하나 네 곤고한 것과 가련한 것과 가난한 것과 눈 먼 것과 벌거벗은 것을 알지 못하는도다"
>
> 요한계시록 3:17

그들은 스스로 '우리가 제일이다' 라는 생각을 하면서 하나님은 필요 없다고 하는 민족이었습니다. 이러한 교만은 자기 힘만 신뢰하는 불신 앙의 모습입니다. 하나님과 같이 되어 보려고 선악과를 먹고 바벨탑을 쌓았던 교만한 인간의 모습과 같습니다. 그것은 곧 하나님을 대적하는 것이며 죄의 시작이 되는 것입니다.

토마스 왓슨T. Watson은 "하나님은 두 개의 처소를 가지고 계시는데, 하나는 하늘 보좌요, 다른 하나는 회개하는 겸손한 마음이다. 마귀도 역시 두 개의 처소를 가지고 있는데, 지옥과 교만한 마음이다"라고 말했습니다. 교만한 마음은 마귀가 거하는 마음입니다. 세상에서 교만했던 개인과 오만했던 사회와 오만불손했던 국가는 다 패망하고 말았습니다. 바로 고라, 소돔과 고모라, 로마, 나치 독일, 일본 군국주의 같은 곳들입니다. 교만은 멸망의 선봉이요, 겸손은 존귀의 길잡이입니다^{잠 18:12}.

❗ 의지할 곳은 오직 한 분

에돔은 자신들의 안전에 대해 잘못된 인식을 가지고 있었습니다. 에돔은 바위가 많고 험준한 산악 지대에 자리 잡은 곳이었습니다. 그들은 바위로 튼튼하게 기초를 놓은 높은 지역에, 천연의 요새와 같이 방비된 곳에 성을 짓고 살았습니다. 에돔은 난공불락의 요새라는 지리적인 이점을 자랑하며 스스로 자만하였습니다. 침입을 자주 당하는 이스라엘에 비하면 지정학적으로 유리한 고지에 있었습니다. 그들이 살았던 지역 '페트라' 라는 곳을 답사해 보면 높고, 단단한 붉은 돌 위에 잘 지어진 성곽의 모습을 볼 수 있습니다.

페트라는 성경에 '셀라' 라는 지명과 일치하는 것으로 추정됩니다. 모두 '바위'를 의미하기 때문입니다. '바위틈에 거주하며 높은 곳에 사는 자'는 셀라 지역에 사는 자들에 관한 언급이라고 볼 수 있습니다. BC 300년경 셀라 지역을 점령한 나바티안족은 셀라 북쪽의 거대한 바위 계곡을 깎아서 놀라운 바위 도시 페트라를 건설하였습니다. 바위산의 길이는 1,370미터이며 폭은 지역에 따라 225미터 내지 450미터입니다. 이곳은 대부분 해발 1,000미터 이상 되는 산악 지대입니다.

페트라

　그들은 자신들이 누리게 된 지정학적 이점을 하나님의 축복으로 여기고 하나님께 감사하며 영광을 돌렸어야 했습니다. 그러나 그들은 "누가 능히 나를 땅에 끌어내리겠느냐?"옵 1:3라며 교만했습니다. 스스로 독수리처럼 높이 오르며 별 사이에 깃들 것이라고 생각했습니다.

　그들은 안전이 자기 자신들이 가지고 있는 산성이나 바위, 지정학적 위치의 유리함에서 오는 줄로 착각했습니다. 자신들이 가진 지혜, 능력, 건강, 물질이 안전을 주는 것으로 생각했습니다. 그러나 그것은 착각입니다.

　우리는 뉴욕 맨해튼의 무역센터 빌딩이 무너지고, 뉴올리언스가 카트리나 태풍으로 한 순간에 침수되고, 일본 열도가 대지진에 난리를 겪는 것을 보면서 인간이 얼마나 무기력한가를 보았습니다. 하나님은 말씀하십니다.

"도움을 구하러 애굽으로 내려가는 자들은 화 있을진저 그들은 말을 의지하며 병거의 많음과 마병의 심히 강함을 의지하고 이스라엘의 거룩하신 이를 앙모하지 아니하며 여호와를 구하지 아니하나니 여호와께서도 지혜로우신즉 재앙을 내리실 것이라 그의 말씀들을 변하게 하지 아니하시고 일어나사 악행하는 자들의 집을 치시며 행악을 돕는 자들을 치시리니" 이사야 31:1-2

오직 하나님만이 우리의 안전을 보장해 주십니다. 자신도, 다른 사람도, 다른 나라도 의지할 것이 못 됩니다. 모든 나라가 주께 속하였고, 나의 성공과 실패도 주께 속해 있습니다. 내 가족의 생명도 주께 속하였으므로 주님만 의지해야 합니다.

그러나 에돔은 바위와 높이 쌓인 성벽과 동맹국 옵 1:7, 친구들이나 군대를 의지하며 살았기 때문에 결국 망할 수밖에 없었습니다. 의지하던 것들과 함께 망하는 것입니다. 이런 것들을 의지하는 사람들은 흥하는 것 같으나 망하는 사람들입니다. 왜냐하면 세상의 모든 흥망성쇠興亡盛衰가 하나님께 달려 있기 때문입니다.

"보라 내가 너를 나라들 가운데에 매우 작게 하였으므로 네가 크게 멸시를 받느니라" 오바댜 1:2

"네가 독수리처럼 높이 오르며 별 사이에 깃들일지라도 내가 거기에서 너를 끌어내리리라 여호와의 말씀이니라" 오바댜 1:4

때로 제 마음속에 이러한 하나님의 음성이 들립니다.

"너희는 살아갈수록 헛된 것을 더욱 의지하는구나. 생명이 없는 것, 구원을 주지 못할 것을 의지하고 자랑하는구나. 보이는 것이 많아질수록 하나님을 믿는 믿음이 약해지는구나. 학벌? 가문? 건강? 물질? 직장? 권력? 이 모든 것이 너희를 구해낼 줄 아느냐? 내가 마음먹으면 이 땅의 모든 것은 순식간에 '지푸라기'처럼 타 버리게 될 것이다."

! 세상적인 지혜를 의지하는 에돔의 죄악

에돔 사람들은 스스로 지혜롭다고 여기고 자신들의 세상적인 지혜를 드러냈습니다. 그들은 세상적인 지혜를 발휘해서 다른 나라와 조약을 맺고 스스로 일을 지혜롭게 잘 처리했다고 믿었습니다. 그러나 결국 상대편 나라에 이용만 당하게 되었습니다. 그들이 사귀었던 사람들이 오히려 함정을 파서 에돔 스스로 제 꾀에 넘어가게 된 것입니다옵 1:7. 동맹 관계를 맺었던 주변 나라들이 에돔을 배신하고, 약속한 사람들이 배신하고, 잘 지내던 사람들이 속이고, 얻어먹던 사람들이 함정을 파고 넘어트리려고 했습니다. 이렇게 하나님 없이 사는 사람들은 스스로 인간적인 지혜를 발휘하여 다 잘하는 것 같고 스스로 자신들이 지혜 있다고 믿고 있지만 다른 사람들에게 배신당하거나 사기에 넘어가게 됩니다. 에돔의 지혜는 하나님께서 보실 때 어리석은 짓이요, 사상누각沙上樓閣

에 불과합니다. 하나님 없는 지혜와 지식은 허망한 것입니다. 왜냐하면 하나님이 바로 지혜의 근본이시기 때문입니다.

> "여호와의 말씀이니라 그 날에 내가 에돔에서 지혜 있는 자를 멸하며 에서의 산에서 지각 있는 자를 멸하지 아니하겠느냐" 오바댜 1:8

세상 모든 만물이 하나님께 속하였는데, 하나님의 주권 즉, 하나님의 뜻과 명령을 거역하고 자기의 지혜를 의지하며 사는 오만한 자들은 하나님께서 심판하실 것입니다.

이 말씀은 오늘을 사는 우리에게 주시는 말씀입니다. 우리 가운데 에돔 같은 사람들이 많습니다. 부족한 것이 없이 삶의 아름다운 조건들을 가지고서도 하나님께 감사할 줄 모릅니다. 때로는 스스로 대단히 특별한 것을 가졌다고 생각하면서 교만에 빠집니다. 이렇듯 자기가 아는 지식으로 이웃과 하나님을 판단하며 세상적인 지혜를 의지한 채 살아가는 민족이 바로 에돔입니다. 그러나 세상의 지식은 '지푸라기'처럼 불에 타 버리고 말 것입니다욥 1:18. 부질없는 것들입니다.

우리의 생명과 가정과 국가 모두의 왕권은 하나님께 속해 있습니다. 하나님은 이 모든 것에 주권을 가지시고 인류의 역사를 통하여 자신의 뜻을 드러내십니다. 하나님은 교만한 자를 심판하십니다. 하나님은 교만한 자를 물리치시고 겸손한 자에게 은혜를 주십니다. 잘못하면 hero영웅가 zero아무것도 아닌 사람가 됩니다.

하나님이 당신의 왕입니까? 아니면 스스로가 왕이 되어 있지는 않습니까? 언제나 타락 이전에는 교만이 있었습니다. 홀연히 주님의 말씀이 임할 때 왕 앞에 기쁨으로 나아갈 준비가 되었습니까? 그렇지 않으면 두려움으로 떨 것입니다. 세상적인 지혜로 교만하고, 완악하고, 자기만족에 취해 있던 사람은 심판을 피할 수 없게 될 것입니다.

! 끝없는 욕심이 잉태한 죄

둘째, 에돔의 죄는 끊임없는 욕심입니다. 그들의 조상인 에서가 그랬습니다. 그는 야곱에게 팥죽 한 그릇에 장자권을 판 망령된 사람입니다.

> "음행하는 자와 혹 한 그릇 음식을 위하여 장자의 명분을 판 에서와 같이 망령된 자가 없도록 살피라" 히브리서 12:16

그들은 자기를 위하여 끊임없이 재물을 모아 감추어 두는 자들입니다. "욕심이 잉태한즉 죄를 낳고 죄가 장성한즉 사망을 낳느니라"약 1:15고 했지만 이들은 재물이 생기는 일이면 죄 되는 일도 불사합니다. 형제를 배반하고, 불의한 자와 결탁하고, 형제의 고난은 아랑곳하지 않고 자기 배만 채우는 사람들이 바로 에돔 같은 사람입니다. 그러나 하나님께서는 그렇게 모은 모든 것을 빼앗아 가실 수 있는 분입니다.

"에서가 어찌 그리 수탈되었으며 그 감춘 보물이 어찌 그리 빼앗겼는고"

오바댜 1:6

강도가 들어도 어느 정도 가져가고 남긴 것이 있고, 포도원에 도둑이 들어도 얼마를 남기고 가져가지만 에돔은 남긴 것이 아무것도 없을 정도로 완전히 약탈을 당한다는 것입니다.

죄와 욕심으로 모은 재물은 하루아침에 날아가게 됩니다. 나갈 때도 그냥 나가지 않습니다. 건강을 빼앗거나 자녀를 무너뜨리고 가정을 망쳐 놓습니다. 불의한 재물은 들어올 때부터 형벌을 가지고 옵니다. 돈도 성격이 있습니다. 정직한 돈, 내 땀과 눈물이 묻어 있는 물질은 축복을 가져 오지만, 불의한 방법으로 모은 물질은 재앙을 동반합니다.

이스라엘이 난공불락難攻不落의 여리고 성을 함락시키고도 작은 성 아이에 참패했던 것은 탐심을 부렸기 때문입니다. 아간의 탐욕 때문에 이스라엘 전체가 괴로움을 당했습니다. 사울 왕은 아말렉을 진멸하라는 명령을 받고도 탐욕을 부려 좋은 것을 자기를 위해 남겨 두었다가 결국 하나님으로부터 버림을 받았습니다. 엘리사의 종 게하시는 나아만에게 금품을 요구하였다가 평생 나병 환자로 지내는 형벌을 받았습니다. 소탐대실小貪大失입니다.

세상의 모든 물질은 다 하나님께 속하였기 때문에 하나님의 뜻에 합당한 선한 청지기로 재물을 맡아서 사용해야 복이 됩니다.

❗ 무자비한 죄악의 결과

에돔은 자기의 형제 이스라엘이 사로잡히고, 침범당하고, 고난당하고, 죽임당하고, 탈취당할 때 '방관'하고 심지어는 조롱하고, 즐거워하고, 어려운 틈을 타서 자신들의 실속을 챙기고, 이방인들과 함께 탈취하는 무자비한 행위를 했습니다.

> "네 원수가 넘어질 때에 즐거워하지 말며 그가 엎드러질 때에 마음에 기뻐하지 말라 여호와께서 이것을 보시고 기뻐하지 아니하사 그의 진노를 그에게서 옮기실까 두려우니라" 잠언 24:17-18

심지어 원수도 그러하거늘, 형제나 이웃이 어려움을 당할 때 기뻐하거나, 수수방관하거나, 자신들의 실속이나 챙기는 사람들은 하나님께서 심판하십니다. 이웃과 형제의 불행에 대해 무책임했기 때문입니다. 죄를 짓지 않는 것도 중요하지만 '선인줄 알고도 행치 않는 것' 역시 죄입니다. 이것은 무엇을 함으로써 짓는 죄가 아니라 하지 않음으로써 짓는 죄입니다.

민수기 20장 14절에서 21절에 보면 출애굽 시절에 가데스에서 모세가 에돔 왕에게 사신을 보내어 땅을 통과할 수 있도록 허락해 달라고 두 차례나 간청합니다. '왕의 대로'King's highway로만 지나가고 밭이나 포도원에 피해를 주지 않고, 우물 물도 마시지 않고 똑바로 가겠다고 부탁합니다. 만일 짐승이 물을 마신다면 물값을 내겠다고까지 했는데,

에돔 왕은 군대를 이끌고 와서 이스라엘을 위협하며 그 간청을 거절했습니다.

베가와 르신이 유다를 침공하였을 때도 에돔은 오히려 유다를 침공하여 포로를 잡아갔습니다^{대하 28:17}. 그러므로 그들이 심판을 받게 된 것입니다. 하나님은 방관자들을 심판하십니다.

> "네가 네 형제 야곱에게 행한 포학으로 말미암아 부끄러움을 당하고 영원히 멸절되리라 네가 멀리 섰던 날 곧 이방인이 그의 재물을 빼앗아 가며 외국인이 그의 성문에 들어가서 예루살렘을 얻기 위하여 제비 뽑던 날에 너도 그들 중 한 사람 같았느니라 네가 형제의 날 곧 그 재앙의 날에 방관할 것이 아니며 유다 자손이 패망하는 날에 기뻐할 것이 아니며 그 고난의 날에 네가 입을 크게 벌릴 것이 아니며 내 백성이 환난을 당하는 날에 네가 그 성문에 들어가지 않을 것이며 환난을 당하는 날에 네가 그 고난을 방관하지 않을 것이며 환난을 당하는 날에 네가 그 재물에 손을 대지 않을 것이며 네 거리에 서서 그 도망하는 자를 막지 않을 것이며 고난의 날에 그 남은 자를 원수에게 넘기지 않을 것이니라" 오바댜 1:10-14

! 방관자의 행위에 대한 보응

오늘날 예수님을 믿는 사람들 중에도 성도가 고난을 당하는데 같이 동참하지 못하고 방관하는 사람도 있고, 오히려 즐기는 사람도 있습니다. 그래서는 안 됩니다. 성도가 고난을 당할 때 하나님의 백성은 성도의 편에 서 주어야 합니다. 고난당하는 사람과 함께하는 교회가 되어야 합니다.

예수님께서 말씀하신 대로 피리를 불어도 춤추지 않고 호곡하여도 울지 않는 무감각, 무관심 또한 죄입니다. 마태복음 25장의 최후 심판을 보면, 예수님은 주린 자, 목마른 자, 나그네, 헐벗은 자, 병든 자, 감옥에 갇힌 어려운 자들과 자신을 동일시 하셔서, 그들을 도운 것이 자신을 도운 것이요, 그들을 돌보지 않는 것이 주님께 무자비한 것이라 간주하여 심판하였습니다. 부자와 나사로의 비유를 보아도 부자의 죄는 이웃이 어려움을 당할 때, 아무 것도 하지 않고 이웃을 방치한 잘못이었습니다.

세상의 모든 주권이 하나님께 속해 있으므로 어려운 이웃에게 관심을 갖는 사람은 주님을 도운 것이요, 방관자들은 하나님의 심판을 받게 될 것입니다. 선한 사마리아 사람의 비유에서도 우리가 강도가 아니라는 사실에 만족하지 말고, 강도 만난 이웃을 돌보지 않고 지나치는 제사장, 레위인 같은 방관자는 아닌지 반성해야 됩니다. 이 모두가 하나님께 속했기 때문입니다.

"여호와께서 만국을 벌할 날이 가까웠나니 네가 행한 대로 너도 받을 것인즉 네가 행한 것이 네 머리로 돌아갈 것이라" 오바댜 1:15

오바댜서는 행한 행위에 대한 보응이 따를 것이라고 말씀하고 있습니다. 그리고 그들이 하나님의 성소를 더럽히며 거기서 술을 마시며 이스라엘의 멸망을 즐거워하던 불경건에 대해서도 하나님은 심판을 말씀하셨습니다옵 1:16. 결국 오바댜의 예언처럼 에돔은 BC 6세기에 앗수르에게 멸망당했습니다. 우리는 에돔의 죄 즉 교만과 욕심, 무자비, 방관의 죄를 범하지 말아야 합니다.

오바댜 1장 17절부터 21절은 이스라엘의 회복에 대해 말씀하고 있습니다. 하나님께 속한 나라, 하나님께 피하는 자들은 구원받아 거룩하게 되고, 많은 기업을 얻게 되고, 열국을 심판하는 자리에 오르게 될 것입니다. 이스라엘뿐 아니라 만국이 하나님 나라의 일부가 될 것입니다. 하나님은 만국을 다스리시는 주권자이시며 심판자이시며 구원자이시기 때문입니다.

: 말씀 나누기 :

1. 에돔은 누구의 후손입니까? 옵 1:6, 8

2. 에돔의 잘못은 무엇입니까? 옵 1:3, 8, 12

3. 오바댜 1장 1절에서 16절까지는 에돔의 멸망을 말씀하고 있습니다. 17절에서 21절은 무엇에 대해 말씀합니까?

: 은혜 나누기 :

1. 우리에게 에돔의 모습이 없는지 살피고 회개합시다.

2. '이스라엘의 회복'은 어디에서부터 가능합니까? 또 우리 삶의 회복은 어디에서부터 가능한지 이야기해 봅시다.

3. 이 나라와 이 민족이 오직 하나님께 속한 백성이 되도록 함께 기도합시다.

5

요나서의 배경

　요나서는 BC 760년경에 기록된 것으로 다른 예언서들과는 달리 예언적인 선포의 내용보다는 요나의 자전적인 이야기를 담고 있습니다. 요나서는 자기중심적이고, 민족주의자인 편협한 한 사람을 하나님께서 어떻게 이방 나라에까지 복음을 전하는 전도자로 사용하시는가에 대한 내용입니다. 요나는 최초의 이방인 선교사이면서, 내키지 않는 마음으로 억지로 끌려간 선교사입니다. 요나서는 선민사상에 사로잡혀 살아가는 구약 시대의 이스라엘에게는 가히 혁명적인 사상인 은혜의 보편주의를 드러내는 중요한 책입니다.

　오바댜는 나라가 하나님께 속했다는 메시지를 통해 세상 모든 나라와 사람을 하나님께서 심판하시겠다는 것을 말씀했다면, 요나는 구원은 하나님께 속했다는 메시지를 통해 구원에 있어서 하나님의 절대 주권을 말씀하고 있습니다. 하나님의 나라에서 누구를 구원하고, 어떻게 구원하는지에 대한 문제는 모두 하나님의 권한이며 하나님의 뜻에 달려 있습니다.

!

"구원은 여호와께 있나이다"

요나 2:1-9

Awakening

! 천하보다 귀한 한 영혼

하나님은 무한히 크신 하나님이시면서도 한 사람에게 무한한 관심을 가지고 찾아오셔서 역사하십니다. 알고 보면 요나서는 니느웨 몇십만 명의 회개보다는 요나 한 사람의 회심이 더욱 부각되어 있습니다. 요나서를 통해 한 사람의 회심을 위하여 온 세상을 동원하시는 하나님을 보게 됩니다. 요나서는 니느웨 몇십만 명의 회개보다 요나 한 사람의 회심이 더 어렵다는 것을 말해 줍니다. 하나님은 한 사람의 변화를 위하여 일하시고, 그 회개한 한 사람을 통하여 수십만 명을 구원하시는 사역을 하십니다. 천하보다 귀한 것이 한 영혼이고 하나님은 한 영혼에게서 세계를 보십니다.

사도행전 10장에도 비슷한 사례가 나옵니다. 베드로와 이방인 고넬료 백부장의 회심 이야기인데, 여기에서도 역시 초점은 고넬료의 회심보다는 베드로의 변화에 있습니다. 이 사건을 통하여 베드로가 하나님의 섭리를 체험하게 되고 이방 선교가 열리는 계기가 됩니다.

4장으로 구성된 요나서는 크게 둘로 나눌 수 있습니다. 먼저 전반부에는 요나의 불순종과 회개 그리고 구원의 내용이 담겨 있습니다. 특히 1장과 2장에는 요나에 대한 하나님의 긍휼이 나타납니다욘 2:1-10. 후반부에는 니느웨의 죄와 회개 그리고 구원, 즉 니느웨를 향한 하나님의 긍휼이 똑같이 반복됩니다욘 3:5-10. 그러나 사실상 니느웨는 3장에만 나오고 나머지는 다시 요나 이야기로 돌아갑니다. 요나는 자신의 마음과 행동을 진실하게 드러냄으로 하나님의 마음을 알아 갑니다. 한 개인

의 부흥을 통하여 또 다른 큰 민족을 구원하는 민족적인 부흥으로 연결
되는 것을 볼 수 있습니다.

"너는 일어나 저 큰 성읍 니느웨로 가서 그것을 향하여 외치라 그 악독이
내 앞에 상달되었음이니라 하시니라" 요나 1:2

! 다시스로 내려가는 불순종의 사람

니느웨는 앗수르의 수도입니다. 여기서 중요한 세 가지 동사 '일어
나', '가서', '외치라' 가 언급되어 있습니다. 행동 지향적인 말씀입니
다. 이 말씀을 들은 요나는 어떻게 했습니까? 1장 3절을 보면 '그러나'
로 시작하고 있습니다. 오늘날도 하나님의 말씀을 들으면 행동에 옮기
지 않고 '그러나' 로 반응을 하는 사람들이 많이 있습니다. "말씀은 참
좋습니다. 그러나 형편이 허락지 않습니다", "그러나 시간이 없어요",
"그러나 자존심이 상해서 못합니다", "그러나 정말 그렇게 하고 싶지
않습니다", "그러나 사람들이 말을 안 듣습니다"…….

요나는 일어나 니느웨로 가서 외치는 대신 다시스로 도망가서 시간
을 보내며 잠잠히 있기로 작심을 했습니다. 이렇게 하나님의 말씀으로
부터 떠나면서 '내려가', '내려가'가 시작됩니다. 요나는 니느웨와는
정반대 방향인 다시스로 가기 위해 욥바로 내려갔고, 곧이어 배로 내려
갔으며, 배 밑창으로 내려가더니, 나중에는 암흑같은 바닷속으로, 마침

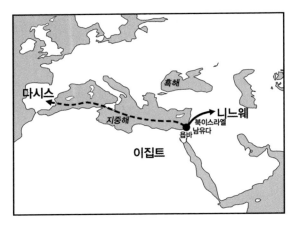

내는 고기 배 속으로까지 내려갔습니다. '음부'욘 2:2에까지 내려갈 지경이었습니다.

하나님께 불순종하는 생활은 이렇게 내려가는 생활입니다. 결국에는 지옥에까지 내려갑니다. 돈을 주고 배를 탔으니 물질을 낭비했고, 도중에 바다로 뛰어 들었으니 생명도 낭비할 뻔했고, 그렇게 고생하고 지냈지만 다시 원점으로 돌아오게 되었으니 시간도 낭비하게 되었습니다. 하나님을 떠난 생활은 이렇게 다 허무한 것입니다. 가는 것이 가는 것이 아닙니다. 사는 것이 사는 것이 아닙니다.

"나를 떠나서는 너희가 아무 것도 할 수 없음이라"요 15:5는 주님의 말씀대로입니다.

지금도 하나님의 뜻과는 반대로 다시스로 내려가는 사람이 있습니다. 하나님 뜻대로의 삶이 아닌 자기의 뜻대로 사는 사람이 그런 사람이며, 사명의 자리에서 떠나 안일의 자리 즉 직무유기의 삶을 사는 사람이 그런 사람입니다. 순종이 아닌 불순종의 길을 걷는 사람이 다시스로 내려가는 사람입니다.

하나님 앞에 잔꾀를 부리지 않기로 결심합시다. 아무리 결과가 좋을 것 같아도 정당하지 못한 수단을 쓰지 않기로 합시다. 그렇게 도모한 일들은 아무 소용이 없습니다. 그것은 하나님의 방법이 아닙니다. 하나님의 어리석음이 인간의 지혜보다 낫습니다.

여기에서 요나는 한 가지 큰 착각을 하고 있습니다. 그것은 자신이 하나님을 피할 수 있다고 생각한 것입니다. 무슨 수로 여호와의 얼굴을 피할 수 있습니까? 하나님을 피할 수 있는 곳이 있습니까? 다시스로 가면 하나님을 벗어나 살 수 있습니까? 배 밑창에 가서 누우면 하나님이 못 보십니까? 하나님은 전지전능하실 뿐 아니라 무소부재하신 하나님이십니다.

시편 139편 7절에서 10절을 보면 다윗은 이렇게 고백하고 있습니다.

"내가 주의 영을 떠나 어디로 가며 주의 앞에서 어디로 피하리이까 내가 하늘에 올라갈지라도 거기 계시며 스올에 내 자리를 펼지라도 거기 계시니이다 내가 새벽 날개를 치며 바다 끝에 가서 거주할지라도 거기서도 주의 손이 나를 인도하시며 주의 오른손이 나를 붙드시리이다" 시편 139:7-10

! 교회 때문에 고통받는 세상

요나는 하나님을 피하려 하였으나 하나님은 요나를 추적하여 큰 광풍의 모습으로 나타나셨습니다. 요나가 탄 배는 태풍이 불어 파선할 지경에 이르게 되었습니다. 인간이 곤경에 처하면 모두 유신론자가 됩니다욘 1:5. 모든 사람이 자신의 신들을 부르며 배를 가볍게 해보려고 짐을 다 버리고 인간적인 모든 수단을 동원해 보지만 아무런 소용이 없었습니다. 이렇게 인간 스스로는 아무리 노력해도 구원을 받을 수 없습니다.

이런 와중에 문제의 당사자인 요나는 배 밑창에서 곤히 잠들었습니다. 사람들은 죽어 가는데, 요나는 깊은 잠에 빠졌습니다. 그가 문제의 열쇠를 가지고 있는데도 말입니다. 문제의 열쇠를 가진 사람이 잠을 자고 있습니다. 오늘날도 세상은 멸망을 향하여 가는데 성도와 교회는 깊이 잠들어 세상 사람들의 아우성을 듣지 못하고 있습니다. 교회와 성도들이 구원의 열쇠를 가지고 있는데도 말입니다.

배에 있는 사람들은 점점 더 절망에 빠지고 모두 난파할 지경에 이르게 되었습니다. 이때에 그들은 요나에게 와서 그를 흔들어 깨우며 "자는 자여 어찌함이냐 일어나서 네 하나님께 구하라"욘 1:6는 충고를 했습니다. 영적인 잠에 취한 자를 비신자가 일깨운 것입니다.

믿는 자들이 시원찮은 생활을 하면 비신자들이 충고를 합니다. 비신자가 성도에게 와서 잠을 깨우며 기도하라고 촉구합니다. 여기에서 보면 그리스도인보다 비신자가 더 하나님을 두려워합니다. 이방인들이 하나님을 더 믿는 것 같습니다. 그들이 기도의 능력을 더 믿습니다. "네 하나님께 구하라", "네가 어찌하여 그렇게 하였느냐?"

이전에는 세상 때문에 그리스도인들이 어려움을 당하고 순교까지 했습니다. 그러나 지금은 그리스도인들 때문에 세상이 고통을 받고 있습니다. 교회가 세상의 죄로 고통당하기보다는 세상이 교회의 죄로 고통당하고 있습니다. 세상 때문에 교회가 고통을 받는 것이 아니라 교회 때문에 세상이 고통을 받는 것입니다. 어쩌다 세상이 교회를 걱정하고, 비신자가 그리스도인에게 충고하는 시대가 되었습니까? 세상이 우리에게 "너희가 먼저 사랑하라", "기도 좀 하라", "하나님을 믿는 사람답게 행동하라"고 일침합니다.

일어나서 네 하나님께 구하라니! 무슨 창피입니까? 비신자들이 그리스도인들에게 기도하라니! 요나를 흔들어 깨운 사람은 이어 "하나님이 우리를 생각하사 망하지 아니하게 하시리라"고 말합니다. 네가 기도하면 우리가 살리라는 강한 믿음입니다. 그때서야 요나는 잠에서 깨어 이 모든 고난이 자신의 불순종으로 말미암아 온 것이란 사실을 깨달았습니다.

"그가 대답하되 나를 들어 바다에 던지라 그리하면 바다가 너희를 위하여 잔잔하리라 너희가 이 큰 폭풍을 만난 것이 나 때문인 줄을 내가 아노라 하니라" 요나 1:12

그래도 다행인 것은 요나가 자신의 잘못을 시인하고 책임지는 용기 있는 모습을 보였습니다. 어려운 일이 생기면 남의 탓을 하고 손가락질을 하는 사람이 얼마나 많습니까? "그건 너 때문이야!" 그러나 요나는 '나' 때문이라고 했습니다.

그래도 배에 있던 사람들은 성품이 좋았던 것 같습니다. 요나를 바다에 던지지 않고 여전히 극복해 보려고 안간힘을 씁니다. 그러다 그들이 부르짖어 "여호와여 구하고 구하오니 이 사람의 생명 때문에 우리를 멸망시키지 마옵소서"욘 1:14라고 기도합니다.

❗ 요나의 회심과 변화된 태도

배가 풍랑을 만난 것은 요나 때문입니다. 요나의 불순종 때문에 그 고난을 당하게 되었지만 하나님은 폭풍 속에서 요나를 죽이려고 하신 것은 아닙니다. 요나를 회개시키고 다시 본연의 위치로 돌아가게 하기 위함이었습니다.

때로 우리 삶에 고난이 닥치고 어려워질 때가 있습니다. 그 상황을 통하여 나를 회개시키려는 하나님의 섭리를 깨달아야 합니다. 내가 회개하고 변하면 상황은 다시 역전됩니다. 배를 거스르던 풍랑이 배를 추진시키는 순풍으로 변합니다. 문제는 나에게 있습니다. 요나에게 임한 고난은 심판이 아니라 교정하기 위한 징계였습니다.

요나의 불순종은 다른 모든 것이 하나님께 순종하는 것과 전적으로 대조를 보입니다. 자연 만물도 하나님께 순종합니다. 여기에서 생태계 신학이 나올 만합니다. 거대한 폭풍이나 바람, 산과 바다도 하나님께 순종합니다. 제아무리 큰 동물이나 물고기, 벌레, 식물도 하나님께 순종할뿐 아니라, 이방 선원들과 심지어 니느웨 사람들까지 하나님의 말씀에 순종합니다. 그러나 요나는 하나님께 불순종하고, 불성실하고, 불평불만을 늘어놓았습니다. 그래서 요나서를 이방 선교를 위한 책이라기보다는 요나 자신의 회개를 위한 책이라고 서두에 명시한 것입니다.

구약판 탕자의 비유라고 말할 수 있습니다. 요나는 집 안의 장자이면서 동시에 탕자의 모습도 보여 줍니다.

요나는 큰 고기 배 속에서 삼일 밤낮을 회개하며 배 속 부흥회를 했습니다. 요나가 하나님의 말씀을 처음 받았을 때 기도로 시작하지 않았기 때문에, 어려움을 당하고 나서야 기도하게 되었습니다. 이를 계기로 요나는 하나님께로부터 구원을 얻었습니다.

3장에서 요나는 다시 원점으로 돌아와 두 번째 하나님의 말씀을 듣게 됩니다. 전에 듣던 같은 말씀이지만 다시 기회를 주시는 하나님의 은혜의 말씀입니다. 요나는 '일어나', '가서', '선포하라'는 말씀에 대하여 지난번 같이 '그러나'로 반응하지 않았습니다. "요나가 여호와의 말씀대로 일어나서 니느웨로 가니라"욘 3:3

똑같은 하나님의 말씀을 듣더라도 어떻게 말씀을 받아들이느냐에 따라서 극적인 차이가 나타납니다. 물고기 배 속 부흥회 이후 요나에게 있었던 가장 큰 변화는 말씀을 받아들이는 태도입니다.

❗ 원수의 회개를 두려워한 요나

지난번에 요나가 하나님의 말씀을 듣고도 왜 니느웨에 안 갔는지 그 이유를 살펴볼 필요가 있습니다. 니느웨는 앗수르의 수도로서 당시 큰 문명을 자랑하던 곳입니다. 건축술이 발달하고, 막강한 군사력을 가지고 있었습니다. 특히 포로들을 잔인하게 다루는 것으로 악명이 높았습니다. 이스라엘은 그런 니느웨로부터 침략을 받은 역사가 있습니다. 당시 이스라엘은 니느웨의 침략으로 갖은 고통을 당했고, 그 결과 적대 관계가 형성되었습니다.

우리에게도 비슷한 관계의 나라가 있습니다. 바로 일본입니다. 어떤 목회자는 일본 선교의 부르심을 받았는데도 도저히 발이 떨어지지 않아 머뭇거렸다고 합니다. 물론 '죽으면 죽으리라'는 마음가짐으로 일본 복음화에 앞장선 사람도 있습니다. 일제강점기에 안이숙 여사는 순교를 각오하고 일본에서 복음을 전했다고 하니 요나보다 훌륭해 보입니다.

그러나 그게 쉬운 일입니까? 요나는 이스라엘 백성입니다. 게다가 애국자였습니다. 그뿐만이 아닙니다. 요나는 민족주의자인데다 영적으로 교만하고, 하나님께 특별히 택함을 받았다는 선민의식, 하나님을 독차지하겠다는 독점의식, 그리고 니느웨에 대한 적개심이 있었습니다. 이처럼 요나는 남들에 대해 편협한 마음을 가진 사람이었습니다.

니느웨는 하나님 보시기에 악을 행하여 '악독이 하나님께 상달' 욘 1:2 될 지경이었습니다. 하나님께 상달될 것이 없어서 악독이 상달됩니까? 고넬료는 선행이 상달되어 베드로를 보내셨는데, 니느웨는 악행이 상달되어 요나가 보냄을 받았습니다.

하나님은 이스라엘만의 하나님이 아니라 '온 나라의 하나님'이시며, 우리가 은밀하게 행하는 모든 것을 다 보시고 심판하시는 하나님이십니다. 요나도 이 니느웨의 죄악에 대해 잘 알고 있었고 역시 하나님께서 심판하신다는 사실에 전적으로 동의하고 있었습니다. 자신이 죽기 전에 그들이 망하는 꼴을 꼭 보고 싶었는데 하나님께서 심판하신다고 하니 내심 얼마나 쾌재를 불렀겠습니까? '그러면 그렇지 너희들 혼나는 꼴 좀 보자'라고 생각했을 것입니다.

그런데 웬걸 하나님께서 이 심판의 메시지를 요나에게 가서 전하라고 말씀하시는 것입니다. 그 소식을 전하는 것이 무서워서 가지 않았다고 해석하는 경우도 있는데, 저는 잘못된 해석이라고 봅니다. 물론 적대 관계에 있는 나라인데다 나쁜 소식을 전해야 하니 어느 정도 두려움을 가질 수도 있었겠지만 더욱 근본적인 이유는 니느웨 사람이 자신의 말을 듣고 회개할까봐 도망간 것입니다. 요나가 무서웠던 것은 니느웨 사람이 아니라 그들의 회개였던 것입니다.

> "여호와께 기도하여 이르되 여호와여 내가 고국에 있을 때에 이러하겠다고 말씀하지 아니하였나이까 그러므로 내가 빨리 다시스로 도망하였사오니 주께서는 은혜로우시며 자비로우시며 노하기를 더디하시며 인애가 크시사 뜻을 돌이켜 재앙을 내리지 아니하시는 하나님이신 줄을 내가 알았음이니이다" 요나 4:2

요나는 하나님을 잘 알고 있기 때문에 처음 하나님의 말씀을 받았을 때 "하나님, 제가 심판의 말씀을 전해서 저들이 회개하면 구원해 주시려고 저를 보내시는 것이지요?"하고 이미 예견했던 것입니다. 요나의 정의의 원리와 하나님의 은혜의 원리가 충돌하고 있습니다.

❗ 세상의 정의와 하나님의 뜻이 상충될 때

요나는 사랑의 하나님, 용서하시는 하나님을 알고 있었으므로 니느웨가 회개할까봐 시간을 끌기 위해 도망간 것입니다. '내가 며칠 잠적했다 나타나면 그동안에 저들이 망하겠지', '저들이 자기들의 죄악 중에 망해야지 내가 그들의 살길을 뭐하러 알려 주겠어'라고 생각한 것입니다. 요나는 니느웨가 멸망하기를 간절히 바란 사람입니다. 자신이 그들에게 임할 심판에 대하여 사십 일만 입 다물고 있으면 그들이 망하리란 생각을 한 것입니다. 그것이 세상의 정의라고 생각한 것입니다.

그런데 하나님께서는 이런 요나를 붙드셔서 다시 니느웨 성에 들어가 하나님의 말씀을 전하게 하십니다. 요나가 하나님을 거역할 수 없어서 가기는 가지만 아직도 사명감이나 그들을 구원하고자 하는 열정보다는 떠밀려 억지로 가는 마음이 더 컸습니다. 요나는 나름대로 한 가지 기대를 했을지 모릅니다. '비록 사랑의 하나님은 저들을 구원하시려고 이렇게까지 하여 기회를 주시나 니느웨 사람들은 결코 회개하지 않을 것이다.' 요나는 니느웨 사람들의 나쁜 인간성에 마지막 희망을 건 것입니다.

결국 요나는 니느웨로 가서 다섯 낱말로 된 짧은 한 문장의 메시지를 전했습니다. 세상에 이렇게 간단한 메시지는 없을 것입니다. 3초도 안 걸리는 말씀입니다. 주석도 없고 적용도 없습니다. 요나서에 나오는 단 반절의 예언의 말씀입니다. 요나가 처음 말씀을 전했지만 다음에는 니느웨 사람들이 서로에게 전하기 시작했습니다.

"요나가 그 성읍에 들어가서 하루 동안 다니며 외쳐 이르되 사십 일이 지나면 니느웨가 무너지리라 하였더니" 요나 3:4

이 짧은 메시지가 얼마나 효과가 있었던지 요나는 니느웨 사람들이 듣지도 않고, 회개도 하지 않을 것으로 기대했는데 기대가 빗나갑니다. 니느웨 사람은 하나님을 믿고, 금식을 선포했습니다. 남녀노소 할 것 없이 모든 백성이, 심지어 왕도 베옷을 입고 재 위에 앉은 것은 물론, 짐승들까지 물과 음식을 금하고 모든 악한 일을 떠나서 힘써 하나님을 부르며 회개하였습니다. 배를 타고 가던 사람들이 잠든 요나를 깨우며 하나님을 찾은 것처럼, 요나의 성의 없는 심판의 메시지에도 니느웨 사람들은 하나님을 믿고 금식했습니다. 짧은 메시지에 철저한 적용입니다.

예수님도 이 실재적인 사건을 들어 "심판 때에 니느웨 사람들이 일어나 이 세대 사람을 정죄하리니 이는 그들이 요나의 전도를 듣고 회개하였음이거니와 요나보다 더 큰 이가 여기 있으며"마 12:41라고 하셨습니다. 마음 내키지 않아 마지못해 전하는 전도자의 말을 듣고도 회개하였다면 사랑과 열정을 가지고 힘써서 전하는 전도자들의 말을 받고도 회개하지 않는 사람은 정말 핑계할 것이 없을 것입니다.

니느웨 사람들이 오늘날 믿지 않는 자들을 정죄할 것입니다. 왜냐하면 그들은 이교도 문화에서 요나같이 억지로 와서 별다른 감정 없이 전한 단 한 번의 짧은 메시지를 듣고, 그것도 회개하기를 기대하지 않는 전도자로부터 말씀을 받고도 회개하였는데, 지금은 성령님이 계셔서 말씀하시고, 뜨거운 사랑을 가지고 전하는 수많은 설교자에게 들으면서도 회개하지 않으니 말입니다.

! 요나 증후군을 앓고 있는 사명자

니느웨 사람들이 회개하게 되고 하나님께서 그들을 용서하시니까 니느웨가 멸망하는 것을 구경하려던 요나는 자기 뜻대로 되지 않으니 하나님께 화를 내면서 "날 죽여 주십시오"라고 했습니다. 결국 저들 살리려고 나를 이토록 고생시켰구나 생각하니 자기 연민이 생겼을 것이고 게다가 니느웨에 대한 시기심도 나고 해서 홧김에 말했습니다.

> "여호와여 원하건대 이제 내 생명을 거두어 가소서 사는 것보다 죽는 것이
> 내게 나음이니이다 하니" 요나 4:3

엘리야는 하나님을 위한 열심이 좌절되니까 자기 연민에 싸여 날 죽여 달라고 했지만왕상 19:1-18, 요나는 남들이 구원받는 것을 보고 배가 아파서 하나님께 화를 내면서 죽여 달라고 했습니다. 큰 물고기 배 속에서 사흘을 회개하고 나왔어도 변화되지 않는 것이 있었습니다. 남 잘되는 꼴은 못 보겠다는 것입니다. 그것도 두 번씩 대드는데 처음에는 니느웨를 살려 주었다고 노하고욘 4:3, 두 번째는 박 넝쿨이 살아남지 못했다고 화를 내며 죽기를 구했습니다욘 4:8.

지금 우리는 별 이상한 꼴을 다 보고 있습니다. 전하기는 하지만 회

개하지 않기를 바라는 사람, 타인의 성공적인 사역을 죽기까지 싫어하는 사람, 박 넝쿨은 아까워하면서 몇십만 명의 생명은 안중에도 없는 사람, 자기의 기분대로 하나님을 부리려고 하는 사람. 이것이 요나 증후군입니다. 재앙을 내리지 않으면 기뻐하고 즐거워해야 하는데, 옹졸한 요나는 '매우 싫어하고 성내며' 자신을 대신 죽여 달라고 하나님께 항의합니다. 요나의 편협함과 완악함 그리고 괴팍한 마음을 엿볼 수 있습니다.

이러한 사람은 누가복음 15장에 나오는 탕자의 형과 같은 부류의 사람입니다. 동생이 집에 돌아오지 않았으면 하고, 집에 돌아온 동생을 맞이하는 아버지의 즐거움에 동참하지 않는 사람입니다. 동생이 회개하지 않았으면 하고, 동생이 용서받지 못했으면 하고, 아버지가 나만 알아주었으면 합니다. 이렇듯 형은 자신의 이익과 동생에 대한 시기심에 사로잡혀 아버지의 마음, 아버지의 관심을 모릅니다. 사명자가 하나님의 마음을 몰라서야 되겠습니까? 그러면서 어떻게 하나님의 정의를 찾을 수 있겠습니까?

누가복음 15장에는 잃은 양, 잃은 동전, 잃은 아들에 대한 비유가 나옵니다. 결국 그것을 찾은 주인이 기뻐하며 즐거워하는 것으로 끝을 맺습니다. 그러나 요나 증후군에 빠진 사람은 사람들과 더불어 같이 즐거워하기는커녕 오히려 배가 아파서 죽도록 불평합니다. 그러고도 자신들의 불평이 합당하다고 극구 우깁니다. 여기에서 하나님과 요나 사이에 누가 합당한가 논쟁이 벌어집니다. 네가 옳으냐? 내가 옳으냐? 하나님은 요나에게 "어찌 네가 성내는 것이 합당하냐?" 하시면서 "어찌 내가 합당치 않느냐?" 하시는데, 요나는 자신이 옳고 하나님이 합당하지 못하다고 고집을 피웁니다.

! 우리를 갉아먹는 비교의식

탕자의 비유에도 아버지가 "네 동생은 죽었다가 살아났으며 내가 잃었다가 얻었기로 우리가 즐거워하고 기뻐하는 것이 마땅하다"눅 15:32 하는데 형은 자기가 옳다고 아버지에게 대항합니다. "나에게는 염소 새끼 하나 주어 내 벗들로 먹게 하신 일이 없더니 아버지는 재산을 다 먹은 아들이 오매 살찐 소를 잡았나이다"눅 15:29 동생의 죄를 극대화하고, 아버지조차 옳지 않은 사람으로 몹니다. 아버지의 행동은 잘못되었고 자신이 옳다는 것입니다. 여기에 비교의식, 정죄, 자기의 의 모두가 드러납니다.

요나는 그들이 멸망치 않음으로 자존심이 상했고 자신이 말한 대로 되지 않아 거짓말쟁이가 된 기분이 들었는지 모릅니다. 그러나 하나님은 경고한 말씀을 이행하실 의무는 없지만 약속하신 말씀을 성취하실 의무는 있습니다. 즉 경고를 듣고 회개하면 심판이 구원으로 바뀔 수 있습니다.

바리새인과 서기관들은 세리, 죄인, 나병 환자, 창녀 등이 회개하고 예수님께 나아오는 것을 싫어했습니다. 자신들처럼 깨끗하고 거룩한 사람만 구원받고, 더러운 죄인은 절대 구원받아서는 안된다고 생각한 것입니다. 그것은 하나님의 뜻을 몰랐기 때문입니다. 하나님은 박 넝쿨을 통해 요나에게 실물 교육을 시키셨습니다. 요나는 니느웨가 어떻게 되는지 지켜보고자 니느웨 성 동편에 초막을 짓고 지켜보고 있었습니다. 하루는 박 넝쿨이 급속도로 자라서 요나에게 시원한 그늘을 만들어 즐겁게 해주었습니다. 그런데 다음날 박 넝쿨이 벌레 먹어 시들자 뜨거운 햇빛이 요나에게 내리쬐었습니다. 요나는 아마도 성깔이 사나운 기질을 가지고 있었나 봅니다. 사는 것보다 죽는 것이 낫겠다고 하나님께 항의했습니다. 하나님은 기다리셨다는 듯이 "그래 너 말 한번 잘했다. 네가 심지도 않고 키우지도 않은 박 넝쿨, 그것도 하루에 났다가 없어지는 것도 아까워서 죽여 달라고 난리를 치지 않았니? 이 큰 성읍 니느웨에는 좌우를 분변하지 못하는 자가 십이만여 명에 가축도 많이 있다. 내가 어찌 아끼지 않겠느냐"욘 4:10-11 고 말씀하셨습니다.

요나의 박 넝쿨에 대한 연민과 하나님의 니느웨에 대한 연민을 비교하며 말씀하십니다. 잠깐의 박 넝쿨과 영원한 생명, 수고도 안들인 박 넝쿨과 정성들인 백성, 한 포기의 넝쿨과 수십만의 백성……

❗ 사람의 길과 하나님의 길

오늘날 남의 생명보다 자기 주머니의 만 원을 더 소중히 여기는 사람들이 많이 있습니다. 남의 생명 손실보다 자기 박 넝쿨 손실이 더 아까운 사람, 사실 그것도 자기의 것이 아닌데 말입니다. 남이 은혜받는 것은 배가 아파 못 견딥니다.

이것이 사람의 길과 하나님의 길, 사람의 생각과 하나님의 생각의 차이입니다. 인류를 구원하고자 하시는 것이 하나님의 마음입니다. 하나님의 마음을 모른 채 하나님의 일을 할 수 없습니다. 하나님의 사람도 될 수 없습니다. "내가 어찌 아끼지 아니하겠느냐"욘 4:11. 이 말씀은 요나서의 결론이요, 주제입니다. 하나님은 수호신도, 가신家神도, 부족신도 아닙니다. 하나님의 본심은 아무도 멸망당하지 않고 모든 사람이 구원을 얻는 것입니다벧후 3:9. 하나님의 은혜와 구원은 온 인류에 미칩니다. 즉 요나서는 "하나님이 세상을 이처럼 사랑하사 독생자를 주셨으니 이는 그를 믿는 자마다 멸망하지 않고 영생을 얻게 하려 하심이라"요 3:16는 말씀과 상통합니다.

요나서는 질문만 남기고 미종결로 끝납니다. 요나가 다시 회개하였는지, 여전히 그런 마음을 품었는지 본문에서는 알 길이 없습니다. 아마 요나의 솔직한 성품으로 보아 하나님의 말씀을 받아들이고 회개하였을 것입니다. 그렇지만 우리에게는 그냥 열린 질문open question으로 맺고 있습니다. 탕자의 비유에도 장자에게 아버지가 질문한 것으로 매듭을 짓습니다. 요나는 탕자의 비유에서 탕자이자 장자입니다. 여전히 우리 가운데 요나가 있기 때문에 질문은 열려 있습니다. 하나님은 요나 증후군을 가지고 사는 사람들에게 계속하여 질문하십니다.

"내가 어찌 아끼지 아니하겠느냐?"

: 말씀 나누기 :

1. 요나가 하나님께 불순종한 반면 순종한 사람은 누구입니까?

2. 탕자의 비유에서 요나는 누구와 같으며 그 이유는 무엇입니까?

3. 요나가 도망갔던 진짜 이유는 무엇입니까? ^{욘 4:2}

4. 요나의 전도 메시지는 무엇이었습니까? ^{욘 3:4}

5. 마태복음 12장 41절 말씀의 뜻은 무엇입니까?

: 은혜 나누기 :

1. 요나 증후군은 무엇입니까?

2. 우리에게는 자기중심적 신앙의 모습은 없는지 이야기해 봅시다.

3. 하나님의 말씀을 바로 알고 순종하는 삶을 위해 함께 기도합시다.

6

미가서의 배경

미가는 아모스와 같이 시골 농부 출신 예언자로 유다 왕 요담^{BC}
$^{742\sim735}$, 아하스$^{BC\ 735\sim715}$, 히스기야$^{BC\ 715\sim687}$가 통치할 때에 유다
와 이스라엘에 대하여 예언한 선지자입니다. 시기적으로 이사야와 거의
같은 때에 활동했습니다. 이사야는 예루살렘 도시 출신 귀족인 반면 미
가는 예루살렘에서 남서쪽 32킬로미터 떨어진 산지의 작은 마을 모레셋
지방 출신입니다.

!

미가의 일깨움

" 주께서 네게 원하시는 것은 "

미가 6:6-8

Awakening

! 편의주의에 빠진 예배

미가미가야후라는 이름에는 '여호와와 같은 자가 누구냐?'라는 뜻이 담겨 있습니다. 이는 미가서가 일관되게 다루고 있는 주제와도 같습니다. 미가서는 마지막에 "주와 같은 신이 어디 있으리이까?" 하고 물으면서, "주께서는 죄악과 그 기업에 남은 자의 허물을 사유하시며 인애를 기뻐하시므로 진노를 오래 품지 아니하시나이다 다시 우리를 불쌍히 여기셔서 우리의 죄악을 발로 밟으시고 우리의 모든 죄를 깊은 바다에 던지시리이다 주께서 옛적에 우리 조상들에게 맹세하신 대로 야곱에게 성실을 베푸시며 아브라함에게 인애를 더하시리이다"미 7:18-20라고 기록하며 끝을 맺고 있습니다.

우리는 미가서의 중심 주제이며, 미가가 제기한 질문 "여호와께서 오늘 나에게 원하시는 것이 무엇인가?", "내가 하나님께 무엇을 가지고 나아갈까?"에 초점을 맞추어 볼 필요가 있습니다.

예배에 가기 전에 무슨 생각을 합니까? 무엇을 준비합니까? 습관적으로 일어나 아무 생각 없이 성경책과 헌금 조금 준비하지는 않습니까? 나를 구원하시고 자녀로 삼아 주신 하나님을 뵈러 나갈 때, 우리 마음속에 '내가 무엇을 가지고 여호와 앞에 나아가며 높으신 하나님을 경배할까?' 하는 질문을 갖는 것은 너무나 중요하고 당연한 것입니다. 그런 마음의 준비조차 없이 예배를 드리러 간다면 회개해야 합니다.

때로 제 마음에 이러한 하나님의 음성이 들립니다.

"너희들은 예배에 아무 준비도 없이 습관적으로 나온다. 예배에 정성이 없다. 편의주의에 빠졌다. 나^{하나님} 중심이 아니라 사람 중심이다. 너희가 드리는 예배가 과연 나를 위한 예배냐? 너희 마음의 위안을 위한 예배냐? 너희가 언제 예배다운 예배를 드렸느냐?"

시편 15편에는 예배를 드리기 위해 나가는 아름다운 성도의 심정을 그대로 묘사하고 있습니다. 이제는 죄 앞에 서지 않고 하나님 앞에 올바르게 서겠다는 굳은 의지가 나타납니다.

그러나 얍복강 나루에서 야곱이 에서에게 나아갈 때는 어떤 심정이었을까요? 예물과 뇌물 사이에서 고민했을 것입니다. 자기 재산의 일부를 형에게 가지고 나오기는 했지만 혹시나 용서해 주지 않으면 어쩌나 하는 걱정과 함께, 지난날의 잘못을 용서하고 잘 봐달라는 일종의 뇌물이었던 것입니다.

우리는 하나님 앞에 무엇을 드릴 수 있을까요? 혹시 뇌물을 드리고 있지는 않습니까? 이렇게 생각해 봅시다. 온 우주 만물의 주관자이신 하나님 입장에서 우리에게 무엇을 받길 원하실까요?

미가 6장 6절에서 미가는, '내가 무엇을 가지고 여호와 앞에 나아가며 높으신 하나님께 경배할까?'를 고민합니다. 이어 '내가 번제물로 일 년 된 송아지를 가지고 그 앞에 나아갈까?' 질문합니다. 송아지는 당시의 예배자들이 일 년에 한 번씩 드리던 값비싼 번제물입니다. 그러나 미가는 이내 아니라고 스스로 대답합니다. 그것으로는 하나님의 마음을 사로잡기에 불충분하다는 것입니다. 그러면 일천 번제를 드렸던 솔로몬처럼 수천 마리의 양을 하나님께 드릴까? 이것은 엄청난 양의 제물을 드리는 것입니다. 그러나 '아니야, 그것도 하나님께 받은 은혜에 비하면 아무 것도 아니야' 하고 결론 내립니다. 그럼 수만의 기름을 강수처럼 하나님께 드릴까? 그것으로도 여전히 충분하지 않습니다. 이렇게 시작된 거룩한 근심은 더욱 강도를 더해 갑니다. 그럼 아브라함과 같이 세상의 무엇보다 소중한 나의 장자를 하나님께 드릴까? 그러나 미가는 그것으로도 부족하다고 생각합니다. 마침내 질문은 극에 치닫습니다. 그럼 내 자신을 드릴까?

이렇게 미가는 점진적으로 더 큰 것들을 하나님께 드릴 것을 생각하며 "어떻게 하면 하나님의 은혜에 감사하며, 하나님을 더욱 기쁘게 해 드릴 수 있을까?" 고민합니다. 이때, 드디어 하나님의 음성이 들렸습니다. 이미 그 마음이 하나님에게 전달된 것입니다.

"사람아! 주께서 선한 것이 무엇임을 네게 보이셨나니 여호와께서 네게 구하시는 것은……."

❗ 하나님이 찾으시는 예배

'내가 무엇을 드릴까?' 보다 중요한 것은 '하나님께서 무엇을 원하실까?' 입니다. '하나님께서 어떤 것을 제일 받고 싶어 하시는가?' 입니다. '하나님께서 기뻐하시는 것이 무엇인가?' 입니다. 예배는 내 중심이 아니라 하나님 중심이 되어야 합니다. 하나님께서 원하시는 것은 형식적인 제사도, 제물도 아닙니다. 위선적인 예배도, 종교의식도 아닙니다. 많은 헌금도, 건물도, 충성도 아닙니다.

하나님은 이미 무엇이 선한 것인지, 무엇을 받고 싶으신지 우리에게 보여 주셨습니다. 하나님께서 직접 말씀하시기도 했고, 훌륭한 믿음의 선배들을 통해서도 보여 주셨습니다. 우리가 모르는 바가 아닙니다. 대답은 이미 나와 있습니다. 하나님께서 원하시는 것은 물질이 아닙니다. 우리 자신의 마음과 삶의 태도입니다. 다시 말해 성품입니다. 소유가 아니라 존재입니다. 우리가 가진 그 어떤 것이 아니라 우리 자신입니다. 예물이 아니라 예배자입니다. 하나님은 나의 것을 원하는 것이 아니라 나 자신을 원하십니다. 그것은 "오직 정의를 행하며 인자를 사랑하며 겸손히 네 하나님과 함께 행하는 것"미 6:8입니다.

이 말씀은 지미 카터Jimmy Carter가 1977년 대통령 취임식에서 인용한 성경말씀으로 지금도 워싱턴 국회 도서관 열람실 앞에 붙어 있습니다.

미가는 참된 신앙의 핵심을 하나님이 원하시는 세 가지로 압축하여 제시했습니다. 미가에게는 신앙과 윤리가 분리되지 않습니다. 미가는 아모스와 호세아, 그리고 이사야가 말했던 중심적인 메시지를 종합적으로 말씀하고 있습니다.

① 정의입니다

히브리어로 '미쉬파트'라고 하며 아모스가 강조한 것입니다. 당신의 권리보다는 다른 사람을 정당하게 대우하라는 것입니다. 정의는 황금률에 나오는 대로 "대접을 받고자 하는 대로 너희도 남을 대접하라" 마 7:12는 정신입니다.

② 사랑입니다

히브리어로 '헤세드'라고 하며 호세아가 강조한 것입니다. 진정한 마음으로 긍휼을 베풀라는 것입니다. 어려운 사람들의 아픔에 공감하고 동참하는 것입니다.

③ 겸손입니다

'할라카'는 종교법을 뜻하는 히브리어로, 이사야가 강조한 하나님과 함께하는 믿음이 여기에 포함됩니다. 즉 하나님께 복종하고 거룩한 삶을 사는 것, 교만을 버리고 가난한 마음을 갖는 것에서 겸손이 나오며, 이것이 미가가 강조한 참된 신앙의 핵심입니다. 겸손은 정의와 사랑의 조건이 되며, 믿음을 더욱 빛나게 합니다.

참된 예배에는 정의, 사랑, 겸손이 있어야 합니다. 하나님은 이것을 찾으십니다. 믿음의 주요 요소인 정의, 사랑, 겸손은 하나님의 성품과 일치하는 것입니다. 예수님께서는 이것이 결여된 신앙생활을 비판하신 적이 있습니다.

"화 있을진저 외식하는 서기관들과 바리새인들이여 너희가 박하와 회향과

근채의 십일조는 드리되 율법의 더 중한 바 정의와 긍휼과 믿음은 버렸도다 그러나 이것도 행하고 저것도 버리지 말아야 할지니라" 마태복음 23:23

우리의 믿음은 생활로 연결되어야 합니다. 예배는 생활의 연장선에 있습니다. 결국 생활이 예배가 되어야 합니다. 믿음은 일상에 깊이 파고들어 변화를 일으켜야 합니다. 그러므로 미가는 하나님이 구하시는 것으로부터 멀어진 우리 일상의 중대한 문제들을 언급하고 있습니다. 정의, 사랑, 겸손같은 하나님께서 찾으시는 것들은 평화, 참된 예언자, 내 백성과 연결됩니다.

！ 평화의 왕

하나님은 우리에게 평강의 왕 메시아를 보내실 것을 약속하셨습니다. 우리의 회복은 하나님의 언약과 연결이 되어 있습니다. 미가는 메시아의 탄생에 대한 예언을 들려줍니다.

"베들레헴 에브라다야 너는 유다 족속 중에 작을지라도 이스라엘을 다스릴 자가 네게서 내게로 나올 것이라 그의 근본은 상고에, 영원에 있느니라" 미가 5:2

19세기 말에 칠레와 아르헨티나가 서로의 오랜 분쟁을 끝내기로 합의했을 때, 그들은 포탄을 녹여 안데스 산맥 꼭대기에 거대한 그리스도 동상을 세웠습니다. 그리고 다음과 같이 새겼습니다.

'칠레인과 아르헨티나인이 구세주 그리스도의 발아래서 지키기로 맹세한 이 평화를 깨뜨리는 것보다는 오히려 이 산들이 무너져 먼지로 화하는 것이 더 빠를 것이다.'

평화의 왕 메시아는 열방 중에서 평화의 이상을 실현하십니다. 부시와 고르바초프가 크림 반도 회담에서 핵 문제를 타결했을 때에도, 한국의 정원식 총리와 북한의 연형묵 총리가 회담에서 밝힌 평화의 이상에도 미가서가 인용됩니다.

"그가 많은 민족들 사이의 일을 심판하시며 먼 곳 강한 이방 사람을 판결하시리니 무리가 그 칼을 쳐서 보습을 만들고 창을 쳐서 낫을 만들 것이며 이 나라와 저 나라가 다시는 칼을 들고 서로 치지 아니하며 다시는 전쟁을 연습하지 아니하고" 미가 4:3

개인이든 국가든 그리스도가 중심에 자리해야 참된 평화가 옵니다. 그리스도 없이는 평화가 없습니다. 정의가 없는 평화도 거짓 평화입니다. 무력 또는 힘의 원리로 유지되는 평화는 잠정적인 것이고 언제라도 다시 깨질 염려가 있는 불완전한 것입니다.

❗ 참된 예언자

미가서에는 정의, 평화, 메시아에 대한 중요한 내용을 담고 있는데, 크게 세 부분으로 나눌 수 있습니다. 심판의 말씀미 1-3장, 위로의 말씀미 4-5장, 구원의 말씀미 6-7장입니다.

예언자로서 미가는 악을 행하는 자들로부터 "예언하지 말라" 다시 말해 '설교하지 말라'는 협박을 받았습니다미 2:6-11. 그들은 악을 행하면서 그 자신들의 죄를 지적하며 회개를 촉구하는 선지자를 핍박하였습니다. 하나님의 말씀을 전하는 미가가 자신들을 모욕하는 것으로 여기고 위협하며 말하지 못하게 했습니다. 그러나 과연 이런 상황에서 하나님께서 우리에게 원하시는 것은 무엇입니까? 하나님의 말씀을 가감 없이 그대로 전하는 것입니다. 그것이 믿음입니다.

세상에서는 거짓으로 꾸며 사람들에게 위안을 주며 그들이 듣기 좋아하는 말만을 전하는 목회자들도 있습니다. 그들의 죄를 지적하고 회개를 촉구하기보다는 지엽적인 풍습의 문제나 말하며 노닥거리는 목회자, 그래서 오히려 사람들에게 대접을 받고 훌륭한 선지자라고 인정받는 목회자들이 있습니다미 2:11. 사람들은 개인 구원에만 국한된 술, 담배, 거짓말 등 현실 감각이 없는 메시지, 뜬구름 잡는 이야기를 좋아합니다.

그러나 미가는 자신의 분명한 소명에 대해 말하기를 "오직 나는 여호와의 영으로 말미암아 능력과 정의와 용기로 충만해져서 야곱의 허물과 이스라엘의 죄를 그들에게 보이리라"미 3:8고 합니다. 미가는 성령

충만하여 하나님이 주시는 능력으로 용기를 내어 사회 정의를 구하고 지배층의 허물을 지적하였습니다. 자기의 힘이나 지식이 아니라 성령의 능력으로 말입니다.

미가가 선지자가 된 것은 권력자들이나 백성이 세워서 된 것이 아니라 '오직 성령'으로 된 것입니다. 하나님께서 원하시는 일꾼종은 오직 하나님께로 부르심을 받았다는 사명의식을 가진 사람입니다. 그러므로 미가는 하나님을 기쁘시게 하고 하나님께서 보내신 말씀을 전해야 했습니다. 사람들의 눈치를 보고 그들이 원하는 말을 하는 것이 아니라 하나님의 눈길을 보며 나아갔습니다. 사람을 기쁘게 하려고 사람들이 원하는 말을 하는 것이 아니라 하나님의 기쁘신 뜻을 위하여 하나님의 말씀을 그대로 전했습니다.

그리고 미가는 백성에게 나아갈 때 성령의 능력으로 충만히 채움을 얻고 나갔습니다. 하나님의 일을 할 때 학식, 경험, 인격만으로는 부족합니다. 하나님의 성령으로 충만해야 합니다. 하나님의 영으로 충만하지 않으면 세상의 영에 감염되고 세상을 변화시키기는커녕 세상에 휩쓸려 한통속이 되는 것입니다.

참된 예언자는 백성의 죄를 보여 주고 회개를 촉구하고 말씀을 전하는 자입니다. 누가 회개하라는 말을 듣는 것을 좋아하겠습니까? 누가 상대방이 듣기 싫어하는 말하기를 좋아하겠습니까? 그러나 참된 예언자는 사람들이 듣기 싫어해도, 자신이 하기 싫어도 회개의 말씀을 전합니다. 왜냐하면 사람들이 이 말씀을 들어야 살기 때문입니다.

! 회개의 복음을 전하는 자

구약의 예언서에 보면 참된 선지자와 거짓 선지자, 참된 예언과 거짓 예언의 문제가 심각히 제기됩니다. 미가 시대에도 미가와는 다른 메시지를 말하는 종교 지도자들이 많이 있었습니다.

오늘날도 여러 종류의 설교자, 종교 지도자가 있습니다. 그러나 참된 예언자만큼 거짓 예언자 역시 존재합니다. 그렇다면 참된 예언자와 거짓 예언자를 어떻게 구별할 수 있을까요? 참된 예언자는 하나님께 받은 말씀을 전하지만, 거짓 예언자는 자의로 말합니다. 참된 예언자는 죄에 대한 회개를 촉구하는 심판의 메시지가 있는 반면, 거짓 예언자는 평화를 말하는 뒷면에 하나님과의 화평이 없는 거짓 평화만을 말합니다. 번영의 복음만 말해서는 안 됩니다. 회개의 복음도 전해야 합니다. 때로는 하나님의 말씀에 가시가 있습니다. 무엇인가 거북하게 만드는 말씀이 들어 있습니다. 그러나 사람들이 듣기 싫어하는 쓴소리도 해야 합니다.

거짓 선지자들은 평강의 길을 알지 못하면서 잘못된 정치 지도자나 백성에게 "평안하다, 평안하다" 하고 위장 평화를 외치는 자들입니다. 인기 있는 발언이나 하고 아부하는 자들입니다. 시류에 영합하는 자들입니다. 그래서 그 시대에 이문 챙기는 무리 중에 들어가서 대접받고, 사람들에게 훌륭한 선지자라는 칭호를 받습니다. 그러나 참된 선지자는 그들의 잘못을 꾸짖다가 배척 받고, 이단시 당합니다. 선포하는 말은 검열 대상이 되고 다시는 설교하지 말라고 협박을 받습니다. 나치 정권에 항거한 디트리히 본회퍼Dietrich Bonhoeffer 목사나 일제에 항거한 주기철 목사가 이런 경우를 당했습니다. 압제자들은 하나님의 말씀을 전하는 그리스도인에게 풍기문란 죄를 씌워 가두고 고문하고 심지어 죽이기까지 했습니다.

! '내 백성'을 위한 예언

미가서에는 '내 백성'이란 말이 많이 나옵니다. 하나님의 백성이란 말은 가난하고, 어려움 당하고, 지배당하고 착취당하는 힘없는 민중을 의미합니다. 하나님은 이 백성을 위하여 일하십니다. 미가는 이러한 하나님의 백성을 위하여 예언합니다. 오늘날 한국 교회, 성도들, 목회자들은 미가와 같이 '내 백성'을 위해 예언해야 합니다. 사회적 약자와 고통당하는 이웃에 시선을 돌리고 연대의식, 동참의식을 가져야 합니다.

미가는 부자와 권력이 있는 자들의 죄를 폭로합니다. 즉 정치가, 대지주, 군대 장관, 제사장, 선지자에 이르기까지 자기들의 욕심을 채우기 위해 민중을 착취하고 온갖 부정의를 저지르는 것을 목소리 높여 책망하고 있습니다.

① 가진 자들의 횡포를 고발합니다
이들은 밤에 침상에서 나쁜 일을 꾸미며 낮이 되기가 무섭게 폭력으로 남의 전답을 빼앗고, 백성을 학대했습니다미 2:1-3. 또한 부녀자와 어린아이들을 그들의 즐거운 삶의 터전에서 쫓아냈습니다 미 2:9. 노동자의 임금을 착취했습니다 미 3:10. 미가서에는 그 밖에 힘 있는 자의 횡포를 고발하고 있습니다 미 2:1, 2:2, 2:8, 2:9, 3:1-3, 3:9, 3:10.

② 권력을 가진 정치 지도자들의 부패를 고발합니다

공의를 행해야 하는 자들이 공公을 사유화했습니다. 공권력으로 자신의 사욕을 채우는 것에 혈안이 되었습니다. 정의를 세워야 하는 재판장이 타락했습니다 미 3:11.

"너희가 선을 미워하고 악을 기뻐하여 내 백성의 가죽을 벗기고 그 뼈에서 살을 뜯어 그들의 살을 먹으며 그 가죽을 벗기며 그 뼈를 꺾어 다지기를 냄비와 솥 가운데에 담을 고기처럼 하는도다" 미가 3:2-3

③ 종교 지도자들의 타락을 고발합니다

기독교 복음의 핵심은 회개인데, 회개 없는 종교를 만들었습니다. 회개 없는 기도는 아무리 많이 해도 하나님께서 듣지 않으십니다 미 3:4. 위정자들의 비위나 맞추는 아부하는 설교자들을 고발합니다 미 2:11.

"내 백성을 유혹하는 선지자들은 이에 물 것이 있으면 평강을 외치나 그 입에 무엇을 채워 주지 아니하는 자에게는 전쟁을 준비하는도다 이런 선지자에 대하여 여호와께서 이르시되" 미가 3:5

"그들의 우두머리들은 뇌물을 위하여 재판하며 그들의 제사장은 삯을 위하여 교훈하며 그들의 선지자는 돈을 위하여 점을 치면서도 여호와를 의뢰하여 이르기를 여호와께서 우리 중에 계시지 아니하냐 재앙이 우리에게 임하지 아니하리라 하는도다" 미가 3:11

자기의 유익을 위해 예언하고 개인적인 죄는 말하나 사회악에 대해서는 설교하지 않습니다. 권력자들에게 허가받은 메시지만 전하는 자들입니다. 이런 모든 일에 대하여 미가는 하나님의 심판을 예언합니다미 3:12, 7:1-6. 이런 마음으로 억만금을 가지고 하나님께 나와도 하나님께서 기뻐하시지 않습니다. 겸손하면서도 정의와 사랑이 충만한 마음으로 드리는 예배를 받으십니다.

❗ 오늘날 소선지서의 의의

이 시대의 교회는 선지자적 발언을 계속해야 합니다. 목회자가 정치가가 되거나, 교회가 정치 집단이 되어서는 안 되지만 정치적인 발언은 계속해야 합니다. 물론 '정치 목사'가 되어서는 안 됩니다. 어떤 특정세력을 지지해서도 안 됩니다. 다만 예언자적인 발언을 계속해야 합니다 사실상 정치 목사는 부패한 정권에 대해 말하지 않는 사람입니다. 듣기 좋은 말만하여 인기를 얻으려고 하지 말고 하나님의 백성 즉 억압받고, 가난하고, 어려운 민중을 대변해서 말해야 합니다. 세상의 물질 만능 주의, 구조적인 사회악들을 무섭게 꾸짖어야 합니다. 모두 함께 살기 위해서 말입니다.

그리고 종교 안에 있는 거짓 선지자의 무리와 싸워야 합니다. 그들은 압제자를 축복하고 나라의 대변인처럼 번영만을 예언하고 민중의 고통에는 아랑곳하지 않습니다. 세상 것만 말하여 하나님의 심판도 없고, 회개에 대한 촉구도 없이 사람들의 귀를 즐겁게 해주는 광대들을 쫓아내야 합니다. 사회에 만연한 동성연애, 낙태, 이단 사설, 성경말씀을 부인하는 온갖 잘못된 가르침도 거부해야 합니다. 이런 모든 것을 척결하고 회개할 때 부흥은 일어납니다.

주님과 같은 분은 없습니다. 오직 하나님을 구하고 돌아와야 합니다. 회개할 때 죄의 용서와 하나님의 긍휼을 경험하게 됩니다.

"오직 나는 여호와를 우러러보며 나를 구원하시는 하나님을 바라보나니 나의 하나님이 나에게 귀를 기울이시리로다 나의 대적이여 나로 말미암아 기뻐하지 말지어다 나는 엎드러질지라도 일어날 것이요 어두운 데에 앉을지라도 여호와께서 나의 빛이 되실 것임이로다" 미 7:7-8

"다시 우리를 불쌍히 여기셔서 우리의 죄악을 발로 밟으시고 우리의 모든 죄를 깊은 바다에 던지시리이다" 미 7:19

: 말씀 나누기 :

1. 하나님께서 우리에게 원하시는 것은 무엇입니까? 미 6:8

2. 하나님께 무엇을 가지고 나오겠습니까?

3. 하나님께 원하는 것은 무엇입니까?

: 은혜 나누기 :

1. 하나님의 뜻과 우리의 소원이 어느 정도 일치됩니까?

2. 혹 우리의 생각을 하나님의 뜻이라고 말하지 않는지 생각해 봅시다.

3. 하나님의 뜻대로 사는 삶을 위해 함께 기도합시다.

일 깨 움 _{어나} _어 직여라

7

나훔서의 배경

'위로' consolation라는 뜻의 이름을 가진 나훔은 가버나움으로 추정되는 엘고스 출신입니다. 나훔서는 앗수르 니느웨의 멸망에 대해 예언한 책입니다. 앗수르는 시리아와 팔레스타인을 200여 년간 지배하던 강성한 나라로서 BC 612년에 바벨론 느부갓네살 왕에 의해 완전히 멸망을 당했습니다. 나훔은 멸망 전인 BC 663년에서 654년에 쓰여진 것으로 알려지고 있는데, 이는 요나가 니느웨에 대해 예언한 지 150여 년이 지난 때입니다.

요나와 나훔은 동일하게 니느웨에 대해 말하고 있습니다. 하나님의 보편주의를 나타냅니다. 요나서는 심판의 메시지를 듣고 니느웨가 회개하여 멸망에서 구원받는 것을 기록한 반면에, 나훔서는 회개하지 않음으로 결국 완전히 멸망하는 내용입니다. 요나서는 자비의 하나님, 나훔서는 심판하시는 하나님을 보여 줍니다.

!

나훔의 일깨움

" 자기에게 피하는 자를 아신다 "

나훔 1:2-8

Awakening

! 하나님의 구속사

니느웨는 앗수르의 수도로, 앗수르는 고대 세계에서 잔인하기로 악명 높은 나라였습니다. 앗수르는 북 이스라엘을 패망시키고, 남 유다에게도 100년 넘게 조공을 받아온 나라입니다. 앗수르는 정복한 나라의 백성을 산 채로 때려죽이고, 자신들의 신인 아셀에게 제물로 드리는가하면, 토막 낸 시체를 개, 돼지, 들개, 독수리에게 먹이는 무자비한 사람들이었습니다.

1843년 보타Botta라는 사람이 발굴하기 전까지 니느웨는 2450년 동안 땅 속에 매장되어 있었습니다. 그 전에는 마치 처음부터 없었던 것처럼 역사 속으로 자취를 감춘 것입니다. 2세기의 저술가 루시안Lucian 은 "니느웨는 완전히 멸망하였고 그 자리에는 아무 흔적도 남지 않았다"고 말했을 정도였습니다. 그들의 멸망은 하나님의 심판이 어떠한가를 보여 줍니다. 이렇게 역사, 자연, 인간을 통하여 보여 주시는 말씀은 기록된 성경보다 훨씬 오래된 하나님의 말씀입니다.

요나와 나훔은 앗수르와 니느웨의 전편과 후편의 역사를 보는 것 같습니다. 하나님의 사람이 같은 나라 사람들에게, 같은 심판의 말씀을 전하는 식입니다. 그러나 그 말씀을 들은 사람들의 반응은 완전히 다릅니다. 전편에는 회개함으로 하나님의 구원을 얻은 반면, 후편에는 완악함으로 하나님의 심판을 받는 전혀 다른 모습을 보여 주고 있습니다. 이렇게 개인의 흥망성쇠뿐 아니라 한 나라의 역사와 운명도 하나님과의 관계에 따라, 하나님의 말씀을 어떻게 받느냐에 따라 완전히 다른 결과를 초래합니다.

이것이 성경이 보여 주는 역사입니다. 비록 세속 역사라도 그 이면에는 하나님의 섭리가 있습니다. 하나님은 역사를 주관하시는 분입니다. 역사 안에서 하나님은 구속사heilsgeschichte를 진행하십니다.

❗ 심판이 갖는 이중적인 의미

나훔은 악인의 멸망을 예언한 심판의 예언자이면서도 이스라엘 입장에서 볼 땐 '아름다운 소식'나 1:15을 전하는 자입니다. 즉 그는 그의 이름 뜻대로 '위로자'입니다. 왜냐하면 앗수르는 이스라엘을 멸망시키고 온갖 학대와 우상숭배를 강요하던 잔인한 원수들이었습니다. 앗수르가 행한 악에 대한 심판은 이스라엘에게는 영광의 회복을 약속하는 것입니다. 앗수르는 하나님의 뜻대로 의롭게 살아 보려는 하나님의 백성을 힘이 없다고 하여 짓밟고 온갖 학대와 서러움을 주던 자들입니다. 그들에게 드디어 하나님의 심판이 임합니다. 앗수르의 멸망은 하나님의 능력과 정의가 악한 세력에 대하여 승리한다는 소망의 선포입니다.

하나님은 앗수르에게는 '파괴하시는 분'으로, 이스라엘에는 '회복하시는 분'으로 나타납니다. 하나님의 심판이 갖는 이중적 의미입니다. 이로써 하나님의 백성은 신원의 날, 해방의 날을 맞이했습니다. 하나님의 의가 세워진 것입니다.

"네 상처는 고칠 수 없고 네 부상은 중하도다 네 소식을 듣는 자가 다 너를 보고 손뼉을 치나니 이는 그들이 항상 네게 행패를 당하였음이 아니더냐 하시니라" 나훔 3:19

어려움을 당했을 때 울어 주는 사람도 없고, 위로해 주는 사람도 없고나 3:7, 도리어 박수를 치며 기뻐하는 사람만 많다면 정말 불행한 사람입니다. 이렇게 살아서는 안 됩니다.

나훔은 니느웨에는 멸망의 메시지를, 이스라엘에는 위로의 메시지를 전파하고 있습니다. 나훔은 각 문단을 히브리어 알파벳 순서를 따라 시작하며 아름답게 시적으로 표현했지만 내용은 무시무시한 심판의 선언입니다. 나훔서는 격렬한 하나님의 심정을 표현한 책입니다.

! 나훔서에 나타난 하나님의 인격

나훔은 우리가 믿는 하나님이 어떤 분이신가를 설명하고 있습니다.

예언서는 하나님의 자서전입니다. 따라서 예언서를 통해 실재 인격을 지니신 하나님의 모습을 볼 수 있습니다. 하나님은 누구 못지않게 열정을 지니신 분으로 기쁨, 좌절, 분노, 고통을 그대로 표현하십니다.

① 하나님은 질투하시는 하나님입니다

"여호와는 질투하시며 보복하시는 하나님이시니라 여호와는 보복하시며 진노하시되 자기를 거스르는 자에게 여호와는 보복하시며 자기를 대적하는 자에게 진노를 품으시며" 나훔 1:2

본래 '질투'jealous란 말은 '열심'zealous이라는 말과 통합니다. 하나님은 우리를 너무나도 열심히 사랑하시기 때문에 우리의 사랑을 어느 누구와도 나누기를 원치 않으십니다. 하나님께서 우리를 위하여 자신을 온전히 내어 주셨던 것처럼 우리에게도 마음과 뜻과 정성을 다하여 심지어 목숨까지 다하여 하나님을 사랑할 것을 요구하십니다.

질투는 불붙는 사랑입니다. 하나님의 질투는 불붙는 사랑입니다. 하나님은 사랑 때문에 질투하시고, 거룩함 때문에 질투하십니다.

! 대적하는 자의 말로

니느웨는 자신들을 위해 집이나 길에 우상을 만들어 놓고 섬겼습니다나 1:14. 하나님은 우상숭배하는 것을 음행나 3:4으로 간주하시고 심판을 말씀하십니다.

바울은 로마서 8장 31절에 "하나님이 우리를 위하시면 누가 우리를 대적하리요"라고 신앙인들의 승리를 선언하였는데, 마틴 루터Martin Luther는 이 말씀을 주석할 때 "하나님이 우리를 대적하시면 누가 우리를 위하리요"라고 반문했습니다. 비신자들은 하나님을 대적하면서 사는 사람들인데 이들을 누가 구해 줄 수 있겠습니까?

나훔 1장 2절에는 거듭 '자기하나님를 거스르는 자', '자기를 대적하는 자'라고 니느웨를 비롯해서 믿음 없이 악한 일을 행하는 자들을 지칭했습니다. 이들에게 하나님도 "내가 네 대적이 되어"나 2:13라고 말씀하십니다. 하나님을 대적하는 삶이 얼마나 비참한 결과를 가져오는가를 앗수르를 통해 알 수 있습니다. 수치를 당하고나 3:5, 능욕을 받고나 3:6, 황폐해지고 죽임을 당합니다나 3:7.

누가 하나님의 진노 앞에 서며 누가 그 불처럼 쏟으시는 하나님의 심판을 견디어 낼 수 있습니까?나 1:6 하나님을 대적하는 삶은 큰 바윗돌을 굴리며 산꼭대기에 올라가는 힘든 고역의 생활이요, '가시채를 뒷발질하는' 고통의 연속입니다.

하나님께서 우리를 대적하신다면 누가 우리를 건져낼 수 있겠습니까? 절대로 하나님의 대적이 되어서는 안 됩니다.

② 하나님은 인내하시는 하나님입니다

하나님은 결코 죄를 묵과하고 지나치는 분은 아니지만 진노를 내리시기 전에 인내하시면서 회개할 기회를 주십니다.

"여호와는 노하기를 더디하시며 권능이 크시며 벌 받을 자를 결코 내버려두지 아니하시느니라 여호와의 길은 회오리바람과 광풍에 있고 구름은 그의 발의 티끌이로다" 나훔 1:3

어떤 자들은 하나님의 인내심을 조롱하며 "심판은 없다", "하나님이 없다"라고 말하지만 하나님은 회개할 시간을 주시는 것입니다.

"혹 네가 하나님의 인자하심이 너를 인도하여 회개하게 하심을 알지 못하여 그의 인자하심과 용납하심과 길이 참으심이 풍성함을 멸시하느냐 다만 네 고집과 회개하지 아니한 마음을 따라 진노의 날 곧 하나님의 의로우신 심판이 나타나는 그 날에 임할 진노를 네게 쌓는도다" 로마서 2:4-5

"주의 약속은 어떤 이의 더디다고 생각하는 것같이 더딘 것이 아니라 오직 주께서는 너희를 대하여 오래 참으사 아무도 멸망치 않고 다 회개하기에 이르기를 원하시느니라" 베드로후서 3:9

하나님은 죄를 반드시 심판하시지만 먼저 경고하시면서 회개할 기회를 주십니다. 이것이 은혜의 기간grace period입니다. 도서관에서 책을 빌렸을 때 통상 대출기간이 지나면 먼저 통보를 해줍니다. 그리고 '그레이스 피리어드'grace period를 줍니다. 그 기간 내에 책을 반납하면 벌금을 물지 않습니다. 그러나 그 기간이 지나면 벌금을 물고 때로는 다음번 대출이 금지됩니다. 하나님의 은혜의 기간이 지나면 다시는 돌이킬 수 없는 심판의 때가 옵니다. 그런데도 니느웨는 이미 행한 범죄 위에 더욱 악을 쌓았습니다. 니느웨 성은 '피의 도성'이 될 정도로 궤휼과 강포가 가득하며 늑탈이 떠나지 않았습니다.

"휙휙 하는 채찍 소리, 윙윙 하는 병거 바퀴 소리, 뛰는 말, 달리는 병거, 충돌하는 기병, 번쩍이는 칼, 번개 같은 창, 죽임 당한 자의 떼, 주검의 큰 무더기, 무수한 시체여 사람이 그 시체에 걸려 넘어지니 이는 마술에 능숙한 미모의 음녀가 많은 음행을 함이라 그가 그의 음행으로 여러 나라를 미혹하고 그의 마술로 여러 족속을 미혹하느니라" 나훔 3:2-4

나훔은 니느웨를 향해 "네가 어찌 노아몬보다 낫겠느냐?"나 3:8고 묻습니다. 노아몬은 이집트 제국의 왕도였는데, BC 663년에 앗수르에 의해 멸망했습니다. 그렇게 강력한 도시가 무너질 줄은 아무도 생각하지 못했습니다. 앗수르는 이 역사를 잘 기억하고 있습니다. 나훔은 니느웨도 그렇게 망할 것을 예언하고 있습니다. 돌이켜 역사에서 배우라고 하고 있습니다.

요나가 심판의 메시지를 전할 때에는 모두가 회개하고 하나님의 긍휼을 입었습니다. 그런데 니느웨는 회개하지 않으므로 더는 하나님의 심판을 대하지 못하고 자취도 없이 완전히 멸망하였습니다. 이렇듯 인내하시는 하나님과 십자가 위에서 고난 받으시는 예수님을 멸시하고 회개하지 않는 사람들에게 하나님의 심판이 임할 것입니다.

③ 하나님은 심판하시는 하나님입니다

나훔서는 '보복하시는 하나님'을 말씀하고 있습니다나 1:12-15, 2장, 3:5-19. 우리는 세상을 살면서 수도 없이 원통한 일을 당합니다. 그럴 때는 하나님께서 살아 계신지, 언제까지 참으시는지 알 수가 없습니다.

그러나 나훔서를 묵상하면 "분하고 억울한 일이 있느냐? 나에게 맡겨라. 내가 반드시 갚아 주겠다"고 하시는 하나님의 음성이 들립니다.

"내 사랑하는 자들아 너희가 친히 원수를 갚지 말고 하나님의 진노하심에 맡기라 기록되었으되 원수 갚는 것이 내게 있으니 내가 갚으리라고 주께서 말씀하시니라" 로마서 12:19

억울한 일이 있더라도 하나님 손에 맡기십시오. 악한 자들 때문에 원망하거나 기죽지 마십시오. 하나님께서 반드시 갚아 주십니다.

앗수르처럼 사탄의 하수인이 되어 하나님의 백성 이스라엘을 침략하여 압제하고, 힘없고 가난한 사람들을 짓누르며, 하나님을 믿는 신실한 사람들을 해하는 불의한 사람들을 하나님은 그저 두고 보시지 않으십니다. 악한 사람의 멸망은 억압당한 사람들에게는 위로와 구원입니다.

"너희 민족들아 주의 백성과 즐거워하라 주께서 그 종들의 피를 갚으사 그 대적들에게 복수하시고 자기 땅과 자기 백성을 위하여 속죄하시리로다" 신명기 32:43

요한계시록에도 종말론적 심판을 말씀하고 있습니다.

"하늘과 성도들과 사도들과 선지자들아, 그로 말미암아 즐거워하라 하나님이 너희를 위하여 그에게 심판을 행하셨음이라 하더라" 요한계시록 18:20

하나님은 선과 악 사이에서 보응하시는 의로운 하나님이십니다. 죄에 대해서는 심판을, 의로운 사람에게는 구원의 은혜를 베푸십니다. 그러므로 심판의 날은 악인에게는 멸망의 날이요, 의인에게는 신원의 날입니다. 의로운 이들을 핍박하던 악인들이 이날에 멸망당함으로 의인은 구원을 받는 위로의 날입니다.

"네 상처는 고칠 수 없고 네 부상은 중하도다 네 소식을 듣는 자가 다 너를 보고 손뼉을 치나니 이는 그들이 항상 네게 행패를 당하였음이 아니더냐 하시니라" 나훔 3:19

"볼지어다 아름다운 소식을 알리고 화평을 전하는 자의 발이 산 위에 있도다 유다야 네 절기를 지키고 네 서원을 갚을지어다 악인이 진멸되었으니 그가 다시는 네 가운데로 통행하지 아니하리로다 하시니라" 나훔 1:15

! 악한 세력이 존재하는 이유

이로써 니느웨는 바벨론에게 멸망되고, 이스라엘 포로들은 페르시아 시대에 다시 고국으로 돌아가서 성전을 재건하여 새로운 역사를 시작합니다.

God is Good! 하나님은 선하시기에 나 1:7 반드시 죄를 벌하십니다. 그리고 하나님의 의를 세우십니다. Good은 원래 God에서 나온 말입니다. 하나님은 좋으신 분입니다. 그러나 이 세상에서 하나님이 악을 허용하시는 것처럼 보이는 것은 우리에게 악의 세력이 있음을 알게 하시려는 것이요, 회개할 시간을 주시려는 것이요, 우리 안에 있는 죄성을 깨닫게 하시려는 것이요, 하나님의 의를 간절히 사모하게 하시려는 목적입니다.

나훔은 먹이를 잃은 사자나 2:11-12, 벌거벗겨 수치를 당하는 창녀나 3:5-6, 패망한 도시 노아몬나 3:8-10에 비유하여 니느웨의 패망을 예언합니다. 니느웨의 과거, 현재, 미래의 상황을 비교하며 참담한 멸망을 예언합니다. 그들이 징벌을 당하는 주요한 이유는 우상숭배, 다른 민족에게 같은 죄를 짓도록 유혹한 죄, 잔인함 때문입니다.

④ 하나님은 의뢰하는 사람을 아시는 하나님입니다

하나님이 선하시다는 것은 우리가 환난을 당할 때에 산성이 되어 주신다는 것입니다나 1:7. 하나님은 우리가 하나님께로 피할 때에 보호해 주십니다.

하나님의 심판은 공의롭고 실수가 없으십니다. 우리가 볼 수 있는 것뿐만 아니라 은밀한 것까지도 심판하십니다. 그러나 하나님은 "자기에게 피하는 자들을 아시느니라"나 1:7고 하십니다. 하나님은 자신을 대적하는 사람과 자신을 의뢰하는 사람을 아십니다.

우리는 하나님을 안다고 하는데, 과연 하나님도 우리를 알고 계실까요? 하나님을 의뢰하는 사람으로 우리를 알고 계실까요? 우리는 아는데, 하나님께서 모르신다고 하면 큰일입니다.

‘안다’ 는 히브리어로 ‘야다’ 입니다. 하나님께서 관심을 가지고 돌보아 주신다는 뜻입니다. 하나님이 아는 사람은 행복한 사람입니다. 하나님을 의지하는 사람은 하나님께서도 알고 계십니다.

지식 있는 자는 지식을 의지하고, 재물 있는 자는 재물을 의지하고, 권세 있는 자는 권세를 의지합니다. 우리가 의지하는 모든 것을 주님 아래 내려놓아야 합니다. 이삭을 바친 아브라함, 왕궁을 떠나는 모세, 엘리야를 대접한 사렙다 과부, 값진 예물을 드린 동방 박사들, 옥합을 깨트린 여인 모두 의지하던 것을 하나님께 내려놓아 은혜를 받은 사람들입니다. 세상 것을 내려놓고 주님을 붙들어야 합니다.

❗ 산성과 피난처가 되시는 분

하나님은 우리가 하나님을 얼마나 의뢰하며 살아가고 있는지 알고 계십니다. 그 사실을 알 수 있는 것은 우리가 하나님을 의뢰한 것만큼 힘을 얻기 때문입니다. 이것은 마치 우리가 땅바닥에 접촉하는 면적이 넓을수록 편안하고 큰 힘을 얻는 것과 마찬가지입니다. 서 있는 것보다 앉으면 쉽고, 아예 누우면 더욱 편안합니다. 어떤 사람의 믿음생활은 마치 손가락 한 개로 지탱하려고 애를 쓰는 것과 같습니다. 그런 사람을 보면 불안하기 짝이 없습니다. 하나님을 부분적으로 너무 적게 의지하기 때문입니다. 하나님은 우리의 산성과 피난처가 되십니다. 믿고 의뢰하는 자녀를 구원해 주십니다. 우리가 하나님께 의뢰한 것만큼 힘을 얻게 됩니다.

종이 한 장은 뚫기 쉽지만 바닥에 붙은 종이는 뚫기 어렵습니다. 하나님은 하나님을 의뢰하는 자녀를 결단코 버리시거나 실망시키시는 법이 없습니다. 환난 날에도 산성이 되시며 피할 바위가 되십니다.

"여호와는 선하시며 환난 날에 산성이시라" 나훔 1:7

"여호와께서 이같이 말씀하시기를 그들이 비록 강하고 많을지라도 반드시 멸절을 당하리니 그가 없어지리라 내가 전에는 너를 괴롭혔으나 다시는 너를 괴롭히지 아니할 것이라 이제 네게 지운 그의 멍에를 내가 깨뜨리고 네 결박을 끊으리라" 나훔 1:12-13

우리도 자신을 믿는 사람을 절대로 실망시키지 않기 위해 노력을 하는데 하물며 하나님을 믿고 의지하는 사람에게 은혜를 주시지 않겠습니까? 하나님을 의뢰하는 사람은 새 힘을 얻게 됩니다. 독수리가 날개치며 올라가는 것처럼 걸어가도 피곤치 않고 달려가도 곤비치 않습니다사 40:31. 다윗은 비록 소년이었지만 골리앗에게 나아갈 때에 '하나님의 능력이 나와 함께한다'고 믿었기 때문에 하나님께서 그를 도와주셨습니다.

하나님을 의뢰하는 사람은 그리스도의 의를 얻게 됩니다. 예수 그리스도의 보혈의 능력이 그의 죄를 가리고 그리스도의 의를 전가시켜서 하나님 앞에 설 수 있는 구원의 백성이 되게 하십니다.

하나님을 의지하면, 우리의 필요와 간절함, 고통까지도 하나님께 알려집니다. 그러면 하나님은 이 모든 것을 채워 주시고, 해결해 주시며, 위로해 주십니다. 진실로 하나님은 하나님을 전적으로 의뢰하는 사람을 찾으십니다. 하나님만을 오직 소망으로 삼는 자녀를 찾으십니다. 하나님을 대적하지 말고 하나님을 의뢰해야 합니다. 하나님께서 우리의 대적자가 되어서는 안 됩니다. 우리의 위로자가 되어야 합니다.

하나님께서 과연 당신을 아실까요? 아니면 그날에 "내가 도무지 너를 알지 못하노라 불법을 행한 자들아 내게서 물러가라" 하는 책망을 듣게 될까요? 하나님께서 인정하는 믿음의 사람은 모든 사정이 하나님께 알려져야 할 것입니다.

하나님은 아십니다. 누가 구원받은 사람인지 심판을 당할 사람인지를……

: 말씀 나누기 :

1. 요나서와 나훔서를 비교해 보세요.

2. 나훔이 소개하는 하나님은 어떤 분이십니까? ^{나 1:2-7}

3. 하나님은 우리가 어떤 사람이라고 생각하실까요?

: 은혜 나누기 :

1. 우리가 경험한 하나님은 어떤 분인지 말해 봅시다.

2. 고난의 시간에 하나님을 어떻게 찾고 의지하였는지 경험을 나누어 봅시다.

3. 오직 하나님을 찾고 의지하는 삶을 살도록 기도합시다.

8

하박국서의 배경

하박국 선지자는 예레미야와 같은 시대 사람으로 BC 603년경에 활동한 진지하고 솔직한 사색가였습니다. 하박국은 하나님의 말씀을 받아 백성에게 전한 사람이라기보다는 하나님과 변론한 대담한 사람입니다. 하박국은 이해할 수 없는 일에 대하여 하나님께 탄원하였던 회의적 신앙을 가진 사람이었습니다.

하박국서에는 질문하는 하박국, 답변하시는 하나님이 번갈아 나옵니다. 하박국서 1장 1절부터 4절까지는 하박국의 질문이며, 5절부터 11절까지는 하나님의 답변입니다. 다시 12절부터 17절까지 하박국의 또 다른 질문과 2장에는 하나님의 답변, 그리고 3장에는 하박국이 하나님을 찬양하는 기도로 끝을 맺고 있습니다. 탄원과 응답, 탄원과 응답, 그리고 기도의 구조입니다.

기독교 신앙은 진실한 질문을 탓하지 않습니다. 오히려 질문을 통하여 하나님으로부터 확실한 답변을 듣게 됩니다. 우리는 하박국과 같은 선지자를 앞세우며 우리가 궁금했던 문제들에 대한 답변을 얻게 됩니다. 신앙생활은 하나님과 대화하는 생활인데, 하박국은 이런 면에서 우리에게 좋은 본을 보여 주고 있습니다.

!

하박국의 일깨움

" 의인은 그의 믿음으로
말미암아 살리라 "

하박국 2:1-4

Awakening

！어느 때까지리이까?

하박국서는 선지자 하박국의 질문으로 시작합니다. 첫 번째 질문은 "여호와여 내가 부르짖어도 주께서 듣지 아니하시니 어느 때까지리이까 내가 강포로 말미암아 외쳐도 주께서 구원하지 아니하시나이다" 합 1:2로 시작하는 탄원입니다. 불의가 판을 치는 세상을 보면서 안타까운 마음으로 하나님께 부르짖지만 응답이 없는 것 같으니 하나님께 호소하는 것입니다. 악한 사람들은 번성하고 의롭게 살고자 하는 사람들은 어려움을 당하니 하나님의 법이 땅에 떨어졌다는 것입니다.

"왜 선한 사람들이 고난을 당합니까?"

"왜 악한 사람들이 잘 먹고 잘 삽니까?"

"하나님은 왜 이런 불의한 상황에서 침묵하고 계십니까?"

"왜 부르짖는 자들의 기도를 들어 주시지 않습니까?"

"나는 하나님의 뜻대로 살아 보려고 하는데 어려운 일만 당하고, 불신앙의 악한 자들은 저렇게 교만하게 행하는데도 잘 사는 것은 어떻게 된 일입니까?"

"하나님은 어디 계십니까?"

"하나님께서 역사를 주관하고 계신다면 왜 악을 허용하시는 것입니까?"

"하나님은 왜 타락한 상황에 대해 아무 일도 행하시지 않습니까?"

"정의가 어디 있습니까?"

이것은 비단 하박국만의 질문이 아닙니다. 역사 이래 계속된 질문입니다. 신정론에 대한 문제입니다.

엔도 슈사크Endo Shusaku의 『침묵』을 보면 일본에서 1587년부터 히데요시와 도구가와 시대를 지나면서 가톨릭에 대해 대대적인 박해를 가한 일이 나옵니다. 수많은 순교자가 나올 때, 지찌지로라는 그리스도인은 번번이 신앙을 부인하고 도망다녔습니다. 그는 바닷속에 수장되는 그리스도인들, 처형되는 그리스도인들을 보면서 "과연 하나님은 존재하시는가? 계시다면 왜 이토록 침묵할 수 있을까? 왜 하나님을 위하여 신앙을 지키는 사람들을 기적적으로 구해 주지 않는가?"라고 계속해서 질문을 했습니다. 여기에 인간의 고뇌와 믿음 사이의 갈등이 그대로 표출되어 있습니다. 그 책 말미에 가면 하나님의 음성이 들립니다.

"나는 침묵하고 있었던 것이 아니다. 함께 고통을 나누고 있었을 뿐이다."

사실 신정론의 문제는 선과 악의 문제, 즉 '왜 악이 존재하느냐'의 문제보다도 고통의 문제에 관심을 기울여야 합니다. 악과 죄의 문제에 초점을 두는 질문은 항상 하나님께 책임을 묻게 됩니다. 그러나 '어떤 고통이 있느냐?', '누구의 고통이냐?'를 묻게 되면 고통의 원인과 당하는 자들의 아픔을 치유하는 건설적인 방향으로 나아가게 됩니다. 하나님은 고통을 주시는 분이 아니라 치유해 주시는 분입니다.

세상에서 당하는 고난과 악에 대하여 '왜'라고 묻기 보다는 '어떻게'라고 물어야 합니다. 때로는 이유를 알 수 없는 고난이 있기 때문입니다. 그럴 때는 어떻게 이런 고난을 견디어 낼 것인가? 어떻게 그런 악에 대처할 것인가? 어떻게 그런 어려움을 당한 자들과 함께할 것인가를 물어야 합니다. 고난 중에는 알 수 없지만 그날에 '왜'에 대한 답을 얻게 될 것입니다. 그것은 하나님의 영역입니다.

그러므로 '왜'보다 중요한 것은 '어떻게'입니다. '어찌하여', '언제까지'라고 묻던 하박국이 하나님과 대화를 통해 '어떻게', '무엇을'이라고 질문하면서 변화되어 나갑니다. 믿음으로, 말씀으로, 기도로 하나님의 때를 기다리며 나아갑니다.

하박국서 1장 5절부터 하나님은 하박국에게 '놀라운 사실'을 말씀하십니다. 갈대아^{바벨론}를 통해 이스라엘의 악을 심판하시겠다는 것입니다. 하박국은 이스라엘의 악한 자들이 심판을 받게 된다는 사실을 알게 되었습니다. 그러나 알면 알수록 더욱 혼란스러워졌습니다. 왜 하필 이스라엘보다 더 악한 갈대아를 들어 이스라엘을 심판하시느냐는 것입니다^{합 1:12-17}. 이스라엘보다 더 악한 바벨론을 사용해 이스라엘을 심판하신다는 것은 정의롭지 못하다는 것이 하박국의 두 번째 질문이었습니다. 그들은 "자기들의 힘을 자기들의 신으로 삼는 자들"^{합 1:11}이었습니다.

❗ 잠잠하시나이까?

하박국은 "악인이 자기보다 의로운 사람을 삼키는데도 잠잠하시나이까"합 1:13라며 하나님께 두 번째 질문을 합니다. "그가 그물을 떨고는 계속하여 여러 나라를 무자비하게 멸망시키는 것이 옳으니이까"합 1:17 그리고 하박국은 성루에 서서 하나님께서 자신의 질문에 어떻게 대답하시는지 기다리고 서 있었습니다.

> "내가 내 파수하는 곳에 서며 성루에 서리라 그가 내게 무엇이라 말씀하실는지 기다리고 바라보며 나의 질문에 대하여 어떻게 대답하실는지 보리라 하였더니" 하박국 2:1

하박국처럼 진지한 질문을 하나님께 드리십시오. 때로는 진지하게 회의하십시오. 중요한 것은 하나님 앞에서 대답을 기다려야 합니다. 하나님께 묻고 응답을 기다려야 합니다. 하나님께 묻고 그 앞에서 조용하게 대답을 기다리는 하박국의 자세를 배워야 합니다. 하박국은 자신의 본연의 위치로 돌아가 '기다리겠다'고 결심하고 있습니다. 믿음에서 중요한 요소는 기다리는 것입니다. 하나님은 "비록 더딜지라도 기다리라"합 2:3고 말씀하십니다. 기대와 소망을 가지고 하나님의 말씀과 역사를 기다리십시오. 원망하고 불평하며 푸념하는 말로 끝내는 것이 아니라, 질문하고 묵상하며 적극적으로 경청하는 대화입니다. 어떤 사람은 질문은 많이 하면서도 조용한 장소에서 하나님의 대답을 듣기 위해 힘쓰지 않는 경우가 많습니다. 그렇게 하면 그 문제에 대한 해답은 없습니다.

결국 하박국의 두 번째 질문에 대한 답은 2장 2절부터 들립니다.

"이 묵시는 정한 때가 있나니 그 종말이 속히 이르겠고 결코 거짓되지 아니하리라 비록 더딜지라도 기다리라 지체되지 않고 반드시 응하리라" 하박국 2:3

"이는 물이 바다를 덮음 같이 여호와의 영광을 인정하는 것이 세상에 가득함이니라" 하박국 2:14

하나님은 반드시 응답하십니다. 하나님을 인정하는 것이 세상에 가득하게 됩니다. 일시적으로 바벨론을 들어 이스라엘을 심판하지만 결국은 바벨론도 심판을 당하게 되고, 어떠한 경우에도 의인만이 믿음으로 말미암아 살게 된다는 말씀입니다. 바벨론이 의로워서 이스라엘을 심판하는 것이 아닙니다. 바벨론은 이스라엘을 징계하는 막대기에 불과합니다. 바벨론보다 의롭다고 이스라엘이 자동적으로 구원을 받는 것이 아닙니다.

우리는 다른 사람과 비교하여 상대적인 의를 내세우고, 다른 사람과 비교하여 상대적인 축복을 말합니다. 그러나 하나님께서 원하시는 기준은 절대적인 의이고, 하나님께서 주시는 축복은 절대적인 축복입니다. 하나님 앞에 절대적으로 의로운 육체가 없고, 하나님만이 절대적인 축복을 주실 수 있습니다. 우리는 상대적 의, 상대적 축복보다는 절대적 의, 절대적 축복을 구해야 합니다. 이것을 구별하지 못하면 우리에게 혼돈이 옵니다.

하나님께서 구하시는 것은 절대적인 의이며, 상대적인 의가 아닙니다. 인간에게는 상대적인 의만 존재하지 절대적인 의는 존재하지 않습니다.

욥도 '당대의 의인'이라고 했습니다. 다시 말해 상대적인 의입니다. 바리새인과 세리의 기도를 기억합니까? 바리새인은 세리보다 낫다는 상대적인 의를 내세우고 있습니다. 그러나 그것으로는 하나님 앞에 설 수가 없습니다. 세상에는 절대적인 의인이 없습니다. "의인은 없나니 하나도 없으며"롬 3:10 그런즉 누가 구원을 얻을 수 있겠습니까? 사람의 힘으로는 할 수 없고 오직 하나님만이 하십니다. 믿음을 통해 주어지는 예수님의 의만이 구원을 줄 수 있습니다. 예수님을 통해서만 절대적인 의를 가질 수 있습니다. 그러므로 우리는 오직 믿음으로만 의로워질 수 있습니다.

결국 하나님은 선악을 판단하시고 오직 믿음으로 '살아 남은 자'만을 구원하신다는 결론입니다.

❗ 인내로 기다리는 하나님의 시간

하박국이 탄원하는 '언제까지입니까, 주여아드 아나 아도나이'라는 말은 시편의 탄원시에 자주 등장하는 말입니다시편 13편. 하박국은 하나님께 항의하듯 절박한 상황에서 묻고 있습니다.

하나님께서는 "이 묵시는 정한 때가 있나니 그 종말이 속히 이르겠고 결코 거짓되지 아니하리라 비록 더딜지라도 기다리라 지체되지 않고 반드시 응하리라"^{합 2:3}고 응답하셨습니다.

마지막 날에 하나님께서 그분의 자녀 모두를 구원하신다는 것은 반드시 일어날 당연한 일입니다. 그것은 하나님의 능력의 문제가 아니라 시간의 문제입니다. 하나님의 구원은 시간문제입니다.

왜 우리에게 믿음이 필요합니까? 시간 차이 때문입니다. 우리의 시간과 하나님의 시간이 차이가 납니다. 아브라함이 하나님의 말씀을 받고 이삭을 데리고 모리아산에 이르기까지의 시간은 고통의 시간이었습니다. 그러나 모리아산에서 여호와 이레의 하나님을 체험했을 때 하나님의 뜻을 알게 되었습니다. 하나님의 뜻을 알기까지 기다리는 시간은 고통스럽지만, 하나님은 하나님께서 정하신 때에 그 뜻을 이루십니다.

우리는 하나님의 시간에 맞추어야 합니다. 예수님의 초림과 재림 사이의 시간에 믿음이 필요합니다. 중간기를 믿음으로 살아 구원받는 의인이 되어야 합니다. 하나님은 때로 우리를 연단하시고 사랑의 매를 드실 때도 있지만, 결국 하나님의 정한 때에 악인을 심판하시고 믿음으로 산 사람만을 구원하실 것입니다.

하박국은 하나님의 심판을 받을 사람들에게 "화 있도다"라고 다섯 번을 강조합니다^{합 2:5-19}.

"자기 소유 아닌 것을 모으는 자"^{합 2:6}

"부당한 이익을 취하는 자"^{합 2:9}

"불의로 성을 건축하는 자"^{합 2:12}

"이웃을 타락시키는 자"^{합 2:15}

"우상 숭배자"합 2:19

그러므로 지금 중간기에 우리가 해야 할 일은 믿음으로 살아가는 것입니다. 혼란스러운 상황을 지날 때에도 믿음으로 인내하며 하나님의 때를 기다리는 것입니다.

"의인은 그의 믿음으로 말미암아 살리라"합 2:4는 말씀은 바울에게 있어서 '이신득의以信得義'의 근간을 제공하는 획기적인 말씀으로 신약에 세 번 인용되었고롬 1:17; 갈 3:10-11; 히 10:36-39 아우구스티누스Augustinus, 그리고 마틴 루터에게 종교개혁을 일으키는 결정적인 근거를 제공하였습니다. 또한 존 웨슬리John Wesley에게도 깊은 감동을 주었던 능력의 말씀입니다.

구원은 상대적인 기준이 아니라 절대적인 기준에 의해 이루어집니다. 그러나 우리에겐 절대적인 의가 없습니다. 그러므로 기준이 되는 것은 행위가 아니라 오직 믿음뿐입니다. 믿음만이 그리스도의 의를 전가시켜 주기 때문입니다.

❗ 믿음의 본질

심판으로 가는 도상에서 구원받은 믿음으로 살기 위해서는 어떻게 살아야 할까요?

① 말씀에 의지하여 살아야 합니다

"여호와께서 내게 대답하여 이르시되 너는 이 묵시를 기록하여 판에 명백히 새기되 달려가면서도 읽을 수 있게 하라" 하박국 2:2

말씀의 중요성을 알려 주고 있습니다. 믿음은 말씀을 들을 때 오고, 믿음은 말씀에 근거해야 합니다. 말씀은 우리에게 주신 약속입니다. 세상에 보이는 것들에 마음을 빼앗기지 말고 말씀에 근거하여 판단해야 합니다. 하나님 말씀을 귀중하게 간직하고 다른 사람에게도 전해 주어야 합니다. 말씀을 부지런히 전파해야 합니다.

② 하나님 앞에서 잠잠해야 합니다

"오직 여호와는 그 성전에 계시니 온 땅은 그 앞에서 잠잠할지니라 하시니라" 하박국 2:20

하나님께서 공의를 세우십니다. 이제 하나님의 말씀을 들었으니 잠잠하게 기다려야 합니다. 하나님의 심판은 하나님께서 정한 때에 이루어집니다. 비록 더디게 느껴지더라도 우리의 시간표와 하나님의 시간표가 다르다는 것을 알아야 합니다. 우리의 시간표가 하나님의 시간표보다 빠르지는 않은지 점검해야 합니다. 혹시 우리가 하나님보다 앞선적이 있었다면 그것들을 내려놓고 인내하면서 기다려야 합니다. 때가 되면 반드시 이루어지게 됩니다^{합 2:3}. 확신을 가지고 기다리십시오. 우리 삶에 이루시는 하나님의 계획이 이해가 되지 않더라도 잠잠히 기다려야 합니다. 때로 우리가 알지 못해도 하나님의 섭리 안에만 있으면 언젠가는 알게 됩니다. 1천 개 이상 되는 퍼즐은 하나를 들고 보면 어디에 들어갈지 잘 모릅니다. 그러나 전체 그림을 두고 계획하시는 하나님의 섭리 안에만 있으면 그것이 어디에 필요한지 곧 보게 될 것입니다.

③ 하나님 한 분만으로 만족해야 합니다

하박국서 3장은 시편과도 같이 노래로 수금에 맞추어 하나님을 찬양한 하박국의 찬송시입니다. 주제는 '하나님 한 분만으로'라고 해도 좋을 것 같습니다.

하박국이 하나님의 대답을 들었으므로 이렇게 찬송시를 시작합니다.

"여호와여 내가 주께 대한 소문을 듣고 놀랐나이다 여호와여 주는 주의 일을 이 수년 내에 부흥하게 하옵소서 이 수년 내에 나타내시옵소서 진노 중에라도 긍휼을 잊지 마옵소서" ^{하박국 3:2}

악인의 심판과 의인의 구원, 하박국이 질문했던 이 모든 일이 '주의 일'Lord's business이란 것을 고백하고 있습니다. 내 일이 아닙니다. 내 생각대로가 아닙니다. 다만 나는 빨리 이루어지길 기도합니다. 그리고 그때에 나를 불쌍히 여겨 주시기를 간청합니다.

그 날에 "주께서 주의 백성을 구원하시려고, 기름 부음 받은 자를 구원하시려고 나오사"합 3:13 그리고 이렇게 맺고 있습니다.

"비록 무화과나무가 무성하지 못하며 포도나무에 열매가 없으며 감람나무에
소출이 없으며 밭에 먹을 것이 없으며 우리에 양이 없으며 외양간에 소가
없을지라도 나는 여호와로 말미암아 즐거워하며 나의 구원의 하나님으로 말
미암아 기뻐하리로다" 하박국 3:17-18

! 결론은 기도뿐

무화과나무, 포도나무, 감람나무는 신령한 나무들로, 이스라엘의 기
후적 조건에서 잘 자랄 수 있는 품종의 나무들입니다. 그렇기 때문에
당연히 소출이 있어야 할 텐데, 그 어디에도 열매가 '없다'는 것은 어
려움이 가중되어 힘들어진 상황을 대변합니다. 그러나 하박국은 하나
님의 주권과 선하심에 기초한 확신을 가지고 있습니다. 이것이 은총의
낙관주의입니다.

그래서 질문으로 시작했다가 기도로 마칩니다. 믿음의 사람은 기도
로 결론을 맺습니다. 기도는 하나님의 뜻을 찾아가는 내비게이션입니
다. 하박국은 기도하는 중에 하나님의 뜻에 도달합니다. 기도하는 중
에 생각이 바뀌는 것을 경험합니다. 자신의 과거 생각을 바꾼 것입니
다. 특별히 축복관이 바뀌었습니다. 과거 같았으면 악인들이 망하는
것을 보거나 나의 하는 일들이 잘 될 때 비로소 하나님을 찬양하며 즐

거워하는 '한낮의 노래'를 생각했습니다. 그러나 이제는 내 직장생활이 어렵고, 내 건강이 부실하고, 무고한 일을 당하고, 경제적으로 어려운 한밤중에도 노래할 수 있다는 고백으로 바뀌었습니다. 이것은 그럼에도 하나님을 찬양하고 기뻐할 수 있다는 고백입니다. 삶의 중심을 하나님께 두고 있는 것입니다. 하나님만이 소망과 기쁨의 근거가 된다는 고백입니다.

기도를 통해 비본질적인 것과 본질적인 것을 구별하고, 상대적인 축복과 절대적인 축복을 구별하고, 세상이 줄 수 있는 것과 하나님만이 줄 수 있는 것을 구별할 수 있게 된 것입니다.

이제 권력을 갖고, 재물을 소유하는 것이 축복의 표시이거나 하나님과의 관계가 잘되고 있는 것이라고 생각하지 않습니다. 번영이 정의가 아니고, 믿음으로만 의로워진다는 사실을 깨닫게 된 것입니다. 권력이나 재물이 축복의 표증이 아니라 하나님만이 나의 힘과 상급, 기쁨이라는 고백입니다.

이제는 비로소 하나님만을 바라보는 믿음이 생겼습니다. 이 세상에 가질 것이 아무것도 없다고 할지라도 하나님 한 분만으로 만족할 수 있습니다. 환경 때문에 감사하는 것이 아니라 하나님 때문에 감사할 수 있게 되었습니다.

"주 여호와는 나의 힘이시라 나의 발을 사슴과 같게 하사 나를 나의 높은 곳으로 다니게 하시리로다 이 노래는 지휘하는 사람을 위하여 내 수금에 맞춘 것이니라" 하박국 3:19

예수님께서 십자가에서 "아버지여, 아버지여 어찌하여 나를 버리시나이까?"라고 절규하실 때, 하나님께서는 침묵하시는 것 같았지만 사실은 의로운 고난 속에서 함께하셨고, 십자가를 통하여 부활로 온 인류의 구원 사역을 완수하였습니다.

때로는 오늘의 상황이 하나님께서 침묵하시는 것 같으나 결국 믿음으로 사는 사람은 구원을 얻게 될 것입니다. 절대적인 의, 절대적인 축복을 구하기 바랍니다.

: 말씀 나누기 :

1. 하박국서는 크게 하박국의 두 번의 질문과 하나님의 두 번의 대답, 그리고 하박국의 찬양으로 나뉩니다. 그 부분을 장과 절로 나누어 봅시다.

2. 하박국의 질문과 하나님의 답변을 살펴봅시다. 합 1:2, 1:13, 1:17

3. 의인은 무엇으로 삽니까? 합 2:4

4. 하박국의 기도를 읽고 은혜 받은 부분을 나누어 봅시다. 합 3:1-19

: 은혜 나누기 :

1. 이유 없이 고난을 당한 적이 있습니까?

2. 고난의 시간에 하나님께서는 어떻게 응답하셨습니까?

3. 하나님을 향한 믿음이 흔들리지 않도록 기도합시다.

9

스바냐서의 배경

스바냐는 1장 1절에 기록된 바와 같이 히스기야 왕의 현손4대손 왕족으로 아마랴의 증손이자 그다랴의 손자, 구시의 아들이며, 그 이름에는 '여호와께서 숨기셨다'는 뜻을 담고 있습니다. 그는 요시야 왕의 시대BC 640~609에 예루살렘에서 활동한 포로기 직전의 선지자로, 요시야 왕의 종교개혁 운동BC 621에 일조하였습니다. 스바냐서에는 유대 왕 중에서 종교개혁을 단행한 두 위대한 왕 히스기야와 요시야가 함께 나옵니다. 또한 요엘과 아모스처럼 '여호와의 날'에 대해 말합니다. 그러나 스바냐는 심판의 메시지를 전하는 가운데에도 희망적입니다.

!

스바냐의 일깨움

"칭찬과 명성을 얻게 하리라"

스바냐 3:14-20

Awakening

❗ 여호와의 날

예언서를 읽어 보면 어떤 책이든지 세 가지 주요 내용이 있습니다.

첫째, 심판의 말씀입니다.

둘째, 회개를 촉구하는 말씀입니다.

셋째, 구원과 위로의 말씀입니다.

물론 선지자의 특별한 소명 체험 기사가 나오는 예언서도 있습니다. 그러나 그 안에도 심판과 회개와 구원의 말씀은 빠지지 않습니다. 이런 면에서 스바냐서는 모든 예언서의 표준이 되는 책입니다. 이 책만 읽어도 예언서에서 말하는 내용을 한 번에 알 수 있습니다. 스바냐서에도 예외 없이 세 가지 요소가 나옵니다. 심판의 말씀은 1장과 2장 4절에서 15절, 3장 8절에 나와 있습니다. 회개를 촉구하는 말씀은 2장 1절에서 3절, 3장 1절에서 8절에 나와 있습니다. 구원과 위로의 말씀은 3장 9절부터 20절까지입니다.

심판의 말씀에서 중요한 핵심은 '여호와의 날'입니다. 이제 하나님께서 정하신 날이 가까이 왔습니다.

"그 날은 분노의 날이요 환난과 고통의 날이요 황폐와 패망의 날이요 캄캄하고 어두운 날이요 구름과 흑암의 날이요 나팔을 불어 경고하며 견고한 성읍들을 치며 높은 망대를 치는 날이로다" 스바냐 1:15-16

'여호와의 날'은 물론 요엘서에 제일 먼저 나오지만욜 2:1, 11, 31, 3:14 스바냐서에 가장 자세하게 소개되어 있습니다. 이날은 나의 날, 세상의 날이 끝나고 하나님께서 다스리시는 날입니다. 하나님의 심판의 날입니다. 세상을 향한 심판은 사람들의 죄악 때문입니다. 스바냐 1장 3절에는 마지막 때에 멸절되는 순서가 사람, 짐승, 공중의 새, 바다의 물고기 순으로 나옵니다. 잘 살펴보면 창조의 역순입니다. 심판의 책임이 사람에게 있음을 알려 줍니다.

여호와의 날이 가까이 왔습니다습 1:7. 이날은 우상숭배하며 악을 행하던 사람들이 하나님의 '질투의 불'습 1:12에 사라지는 하나님의 '분노의 날'입니다습 1:6, 18, 2:2-3. 인간의 교만이 제거되고습 3:11-12, 어떤 사람도 피할 수 없는습 1:12, 인간이 스스로 구원받을 수 없는습 1:18 날입니다. 악한 사람들이 패망하는 날입니다. '남은 자'인 하나님의 백성만이 구원되어 하나님의 잔치에 참여하는 날입니다습 1:7. 여호와의 날은 하나님을 떠난 사람들이 심판을 받는 날이지만, 하나님의 백성이 구원을 받는 날이기도 합니다. 여호와의 날은 심판과 구원의 양면성을 지니고 있습니다.

'여호와의 날'이란 말의 유래는 하나님께서 용맹한 전사warrior로 오셔서 대적들이 패망하고 하나님께서 승리를 거두시는 날이란 뜻입니다습 1:7-10, 14-18, 2:2-3, 3:8. 그러므로 이날은 악한 자들에게는 패망의 슬픈 날이지만, 하나님의 뜻대로 살던 자들에게는 상황이 역전되어 하나님의 원군으로 승리의 축제에 참여하는 기쁨의 날입니다습 1:7.

! 심판받는 이들

그러면 심판의 날에 패망의 쓴맛을 볼 자는 누구일까요?

① 우상숭배자들을 심판하십니다

하나님께서 십계명을 통해 인류에게 가장 먼저 금하신 것이 우상숭배입니다. 십계명이 가치의 우선순위로 기록되었다는 것을 비추어 봤을 때, 이 말씀은 우상숭배자들을 우선적으로 멸하시겠다는 선언이기도 합니다. 스바냐 1장 2절부터 5절을 보면 바알을 섬기며, 그마림이라는 우상과 일월성신을 경배하는 자, 말감을 섬기는 자들을 심판하겠다고 기록하고 있습니다. 당시 이스라엘은 농경문화를 형성하고 있었고, 그와 관련하여 풍성한 생산을 가져다준다고 하는 우상들을 만들어 섬겼습니다. 필요에 따라 외국에서 섬기는 신을 수입해 들여 오기도 했습니다. 그들이 우상을 섬기는 이유는 세상적 · 물질적 풍요를 원하는 욕심 때문이었습니다. 지금도 역시 이 물질적 풍요의 신 맘몬Mammon을 섬기는 자들이 많습니다. 더욱 안타까운 것은 교회 안에서도 하나님 외에 물질적 풍요의 우상을 새겨 놓은 곳이 있다는 것입니다. 이것은 마치 이스라엘이 하나님의 법궤와 바알의 상, 우상의 제단을 성전에 함께 만들어 놓은 잘못과 같습니다. 두 주인을 겸하여 섬기려고 하는 혼합주의 종교양상을 교회에서 보는 것입니다.

성도들 가운데도 '뭐니 뭐니 해도 머니money가 최고다' 라는 풍조가 만연합니다. 교회의 성장도 성도의 수적 증가와 헌금 액수에 강조점을 둡니다. 교회의 양극화도 심각한 상태입니다. 세속주의, 물질 만능 주의, 권력과 명예의 우상을 스스로 깨뜨려 버려야 합니다. 그러지 않으면 '여호와의 날' 에 '질투의 불' 로 심판을 당할 것입니다습 1:18, 3:8.

② 하나님을 찾지 않는 자를 심판하십니다

"여호와를 배반하고 따르지 아니한 자들과 여호와를 찾지도 아니하며 구하지도 아니한 자들을 멸절하리라" 스바냐 1:6

하나님은 사람을 지으실 때 영원을 사모하며 하나님과 함께 교제하면서 살도록 하셨습니다. 비록 사람이 죄가 많고, 부족하고, 연약하다고 할지라도 하나님을 찾으면 용서받고, 채워지고, 강해지도록 창조하셨습니다. 그러기에 사람은 하나님을 떠나서는 참된 만족이 없고 공허하며 절대로 살 수 없게 되어있습니다. 그러나 우리는 스스로 채울 수 없는 공백을 가지고 있으면서도 하나님께 나오려고 하지 않습니다. 오히려 다른 것들로 그 공간을 채워 보려고 합니다. 인간의 무능력이나 죄악보다도 더 큰 잘못은 하나님을 찾지 않는 데 있습니다. 우리에게 출구가 없는 캄캄한 삶이 반복되는 것은 우리가 죄인이기 때문이라는 당위적인 사실보다는 하나님께 구하지 않는다는 불신앙에 더 큰 이유가 있습니다. 적극적일 때는 하나님을 배반하고 부인하며 도망하고, 소극적일 때는 하나님을 찾지도 않고, 하나님께 구하지도 않는 것입니다. 하나님은 이 일도 반드시 심판하시겠다고 하셨습니다. 지금은 지나가는 것 같아도 '여호와의 날'이 되면 이런 자들이 멸절된다는 것입니다.

③ 하나님은 복도 화도 내리지 않는다고 말하는 자를 심판하십니다

"그때에 내가 예루살렘에서 찌꺼기같이 가라앉아서 마음속에 스스로 이르기를 여호와께서는 복도 내리지 아니하시며 화도 내리지 아니하시리라 하는 자를 등불로 두루 찾아 벌하리니" 스바냐 1:12

완악한 자들은 스스로 마음에 이르기를 "여호와께서는 복도 내리지 아니하시며 화도 내리지 아니하시니라"고 합니다. 스바냐는 이런 사람들은 벌을 받게 된다고 말했습니다. 히브리서 기자는 믿음에 대해 설명할 때 "믿음이 없이는 하나님을 기쁘시게 하지 못하나니 하나님께 나아가는 자는 반드시 그가 계신 것과 또한 그가 자기를 찾는 자들에게 상 주시는 이심을 믿어야 할지니라"히 11:6고 했습니다. 하나님은 하나님을 찾는 사람들에게는 상을 주시지만, 하나님을 떠나 악을 행하며 회개하지 않는 사람은 심판하십니다. 어떤 사람들은 하나님이 계시다는 사실은 인정하지만 이 세상의 사사건건에는 참여하지 않으신다고 공언합니다. 또는 현재 악한 사람들이 잘되고 하나님의 자녀가 어려움에 처하는 환경을 보고 '하나님은 아무 손도 못 쓰는 무기력하신 분'이라 말하는 사람도 있습니다.

이는 마치 힘이 없고 유산도 없는 아버지를 무시한 채 그저 뒷방 늙은이로 여기고 괄시했던 불효자와 같습니다. 그러나 마지막 날에는 자

신에게 아무런 유산도 남기지 않고 떠난 세상 누구보다 부유했던 아버지의 위엄을 알게 될 것입니다. 그때는 땅을 치며 후회해도 이미 늦었다는 사실을 깨닫게 될 것입니다.

! 우리의 길을 살피시는 분

분명히 말하지만 하나님은 우리 앞에 생명과 사랑, 복과 저주를 놓으시고 우리가 어떤 길을 걸어갈 것인가를 살피시며 복을 주어야 할 자에게 복을, 저주를 내릴 자에게 저주를 부으십니다. 하나님은 "등불로 두루 찾아 벌하리라"습 1:12고 말씀하셨습니다. 등불을 켜고 찾는다는 것은 철저하게 조사하여 숨김없이 드러낸다는 것을 의미합니다. 하나님을 무시하고 하나님의 상급과 저주를 아랑곳하지 않고 자기 식대로 하나님을 해석하며 살아온 사람은 심판의 날에 저주를 자초하게 될 것입니다.

이렇게 스바냐는 1장에서 이스라엘의 죄악을, 2장 4절부터 15절까지는 열방의 죄악을, 그리고 3장에서는 다시 예루살렘 지도자들의 죄악을 지적하고 있습니다습 3:1-4.

정치하는 사람들은 백성을 수탈하는 사자와 같고, 재판장들은 자기의 사욕을 위해 억울한 사람들의 것을 빼앗는 이리와 같고, 거기에다 선지자들은 간사하게 아첨하는 말이나 하고, 제사장들은 하나님의 말씀을 범하며 성전을 더럽히는 죄악을 범합니다. 이들은 자기에게 주어진 사명을 감당하지 않을 뿐 아니라 오히려 정반대로 행합니다. 백성을 잘 살게 해야 할 사람이 못살게 하고, 정의를 세워야 하는 사람이 불의를 행하고, 하나님의 말씀을 전해야 하는 사람이 눈치나 보고, 거룩한 하나님의 말씀대로 사는 것을 가르치고 거룩한 예배를 인도해야 할 사람이 말씀을 거역하고 성전을 더럽힙니다. 이렇게 이들은 '부지런히' 악한 일을 행하고습 3:7, 그 악행에 대해서도 부끄러워할 줄 모르는습 3:5 철면피입니다.

스바냐는 "주 여호와 앞에서 잠잠할지어다 여호와의 날이 가까웠으므로"습 1:7라고 말하고 있습니다.

이제 '여호와의 날'에 이들은 유구무언有口無言입니다.

❗ 회개를 촉구하는 선지자

"수치를 모르는 백성아 모일지어다 모일지어다 명령이 시행되어 날이 겨 같이 지나가기 전, 여호와의 진노가 너희에게 내리기 전, 여호와의 분노의 날이 너희에게 이르기 전에 그리할지어다" 스바냐 2:1-2

스바냐 2장 1절과 2절에 '~전에'를 세 번씩 반복하는 이유는 미루지 말고 늦기 전에 피할 길을 얻기 위해 자복하라는 뜻입니다. 아직 시간은 있지만 무한하지는 않습니다. 회개할 기회는 늘 주어지는 것이 아닙니다. 지나고 나서 후회한 경우가 성경에 얼마나 많이 나와 있습니까? 에서가 장자권을 넘기고 나서 후회하고, 부자와 나사로의 비유에도 부자가 지옥에 떨어지고 나서 후회하고, 등불을 준비하지 못한 처녀들이 혼인잔치에 들어가지 못하고 후회했습니다. '여호와의 날'이 임하면 '때는 늦으리'입니다. 그래서 지옥에 가면 사람들이 '걸걸걸' 하고 다닌다고 합니다. 그때 믿을 걸, 그 말씀 들을 걸, 전도할 걸, 기도할 걸, 그 일을 하지 말 걸…….

돈이면 무엇이든지 할 수 있다고 생각하는 사람들. 돈으로 학위도 따고, 권력도 갖고, 결혼도 하고, 감옥에도 안 갈지 모르지만, 그날에는 '은과 금'이 통하지 않습니다.

뇌물이 통하지 않는 나라가 바로 하나님 나라입니다.

"그들의 은과 금이 여호와의 분노의 날에 능히 그들을 건지지 못할 것이며 이 온 땅이 여호와의 질투의 불에 삼켜지리니 이는 여호와가 이 땅 모든 주민을 멸절하되 놀랍게 멸절할 것임이라" 스바냐 1:18

그러면 어떻게 해야 여호와의 날에 구원을 얻을 수 있습니까? 그 답이 스바냐 2장 3절에 있습니다.

"여호와의 규례를 지키는 세상의 모든 겸손한 자들아 너희는 여호와를 찾으며 공의와 겸손을 구하라 너희가 혹시 여호와의 분노의 날에 숨김을 얻으리라" 스바냐 2:3

이처럼 스바냐는 여호와의 날에 구원을 얻을 수 있는 세 가지 중요한 방법을 제시해 주고 있습니다.

첫째, 하나님을 찾고

둘째, 공의를 구하고

셋째, 겸손히 행하는 것입니다.

회개란 총체적으로 말하면 하나님을 향하여 나의 삶의 방향을 전환하는 것입니다. 그래서 회개repentance는 '방향전환'입니다. 이것을 잘 보여 준 것이 탕자의 비유입니다눅 15:11-32. 아버지의 집을 떠나 자기 식대로 살다가 제정신이 들어 아버지의 집을 향해 발길을 돌리는 것이 바로 회개입니다. 우리가 방향을 바꿔야 하나님께서도 심판하시기로 작정하셨던 것을 바꾸십니다. 우리가 죄에서 회개로 돌아서야 하나님께서도 심판에서 구원으로 경로를 바꾸십니다.

"내가 이르기를 너는 오직 나를 경외하고 교훈을 받으라 그리하면 내가 형벌을 내리기로 정하기는 하였지만 너의 거처가 끊어지지 아니하리라 하였으나 그들이 부지런히 그들의 모든 행위를 더럽게 하였느니라" 스바냐 3:7

❗ 완악한 성도의 외식하는 삶

어떤 사람들은 교회에 다니는 사람이 비신자보다 더 악하다는 말을 합니다. 왜일까요? 말씀대로 살지 않기 때문입니다. 변화되지 않았기 때문입니다. 교회에서도 변하지 않으면 무엇으로 그 사람이 변합니까? 교회에 다니면서도 변화가 일어나지 않으면 예수님을 믿지 않는 사람들보다 나쁩니다. 이런 사람은 지식만 늘어 자신은 구원을 얻었다고 생각하고 교만하기까지 합니다. 마음이 완악해지고 외식적인 생활을 합니다.

　하나님은 멀리 계시거나 숨어 계시는 분이 아닙니다. 나를 기다리시는 아버지이십니다. 내가 하나님의 이름을 부르기 전에 내 이름을 무수히 불러 주시는 분이십니다. 이제 더는 내 식대로 완악하게 하나님을 등지지 않고, 걸었던 길을 돌이켜 하나님을 향해야 합니다. 그리고 하나님의 능력으로 입술을 깨끗케 하여 여호와의 이름을 부르며 변치 않는 마음으로 섬겨야 합니다.

"그때에 내가 여러 백성의 입술을 깨끗하게 하여 그들이 다 여호와의 이름을 부르며 한 가지로 나를 섬기게 하리니" 스바냐 3:9

"누구든지 주의 이름을 부르는 자는 구원을 받으리라" 로마서 10:13

이제 정의와 겸손을 구하며 하나님께 순종하는 삶을 살아야 합니다.

❗ 구원과 위로 그리고 축복

하나님은 세상을 심판하실지라도 구원의 잔치에 청할 자는 반드시 구별하십니다습 1:7. 그들이 바로 '남은 자'습 2:9, 3:13입니다. 세상이 다 악으로 치우치는 것 같아도 엘리야 시대에 하나님께서 바알에게 무릎 꿇지 않은 7천 명을 남기신 것처럼 어느 때나 그루터기와 같은 사람들을 남기십니다. 그리고 그 남은 자를 통해 하나님의 새 역사를 이루십니다.

하나님은 비록 소수이지만 거룩함으로 진리 가운데 행하는 사람들을 통해 오늘도 새 역사를 이루십니다. 우리는 이 그루터기와 같은 '남은 자' 들이 되어야 합니다. 스바냐는 악으로 가득 찬 세상에서 믿음으로 선한 싸움을 싸우며 어려움을 이겨내는 남은 자에게 축복의 말씀을 전합니다.

"그 날에 사람이 예루살렘에 이르기를 두려워하지 말라 시온아 네 손을 늘 어뜨리지 말라" 스바냐 3:16

세상의 악한 세력을 두려워하거나 그들의 형통을 보고 좌절하거나 그들 앞에서 기죽지 말아야 합니다. 스바냐는 "시온의 딸아 노래할지어다 이스라엘아 기쁘게 부를지어다 예루살렘 딸아 전심으로 기뻐하며 즐거워할지어다"습 3:14라고 우리를 격려합니다. 또한 '노래하라', '기뻐하라', '즐거워하라' 고 명령합니다. 세 번이나 강조함으로써 반드시

지킬 것을 확정지어 말하고 있습니다.

하나님의 자녀가 어떠한 상황 속에서도 항상 기쁘고 즐거울 수 있는 이유는 무엇입니까?살전 5:16

① 하나님이 우리 가운데 계시기 때문입니다

만복의 근원 하나님께서 함께 계시며, 산성과 바위 되신 하나님께서 모든 환난 가운데 계시기 때문입니다.

"여호와가 네 형벌을 제거하였고 네 원수를 쫓아냈으며 이스라엘 왕 여호와가 네 가운데 계시니 네가 다시는 화를 당할까 두려워하지 아니할 것이라"

스바냐 3:15

전능하신 하나님께서 나의 아버지 되시고 우리를 건지시기 때문입니다습 3:17. 그 하나님께서 나를 사랑하시고 나를 기뻐하시기 때문입니다.

부모가 잠자고 있는 자녀나 귀엽게 놀고 있는 자녀가 너무 사랑스러운 나머지 가슴에 벅차오르는 감격으로 볼을 비비며 기쁨으로 노래를 부르는 모습을 상상해 보십시오.

"너의 하나님 여호와가 너의 가운데에 계시니 그는 구원을 베푸실 전능자이시라 그가 너로 말미암아 기쁨을 이기지 못하시며 너를 잠잠히 사랑하시며 너로 말미암아 즐거이 부르며 기뻐하시리라 하리라"스바냐 3:17

무시무시한 심판으로 시작한 스바냐서가 이렇게 사랑스럽고 아름다운 말로 끝을 맺었습니다. 무엇이 심판을 이렇게 바꾸어 놓았습니까? 회개하고 하나님께 돌아오는 것입니다. 하나님의 은혜는 모든 심판을 덮고도 남을 만큼 놀라운 것입니다.

주 안에는 성도의 기쁨, 성도의 찬양만 있는 것이 아닙니다. 하나님의 기쁨, 하나님의 노래도 있습니다. 당신은 하나님의 기쁨의 이유, 하나님의 노래의 제목이 되고 있습니다.

② 칭찬과 명성을 얻게 하십니다

남은 자들의 기쁨과 찬송의 이유는 이 수고가 다한 날에 천하 만민 중에서 칭찬과 명성을 얻게 하신다는 하나님의 약속 때문입니다.

"그때에 내가 너를 괴롭게 하는 자를 다 벌하고 저는 자를 구원하며 쫓겨난 자를 모으며 온 세상에서 수욕 받는 자에게 칭찬과 명성을 얻게 하리라 내가 그때에 너희를 이끌고 그때에 너희를 모을지라 내가 너희 목전에서 너희의 사로잡힘을 돌이킬 때에 너희에게 천하 만민 가운데서 명성과 칭찬을 얻게 하리라 여호와의 말이니라" 스바냐 3:19-20

이 말씀은 "주께서 내 원수의 목전에서 내게 상을 차려 주시고 기름을 내 머리에 부으셨으니 내 잔이 넘치나이다"시 23:5라고 고백한 다윗의 노래와 같습니다.

물론 주님 다시 오실 그 날뿐 아니라 오늘날에도 하나님의 칭찬과 참된 명성을 얻고 있습니다. "무명한 자 같은 유명한 자"^{고후 6:9}입니다.

하나님은 우리에게 이렇게 말씀하십니다.

"너는 내 사랑하는 자녀요 내 기뻐하는 자다.

세상이 뭐라고 해도 나는 너를 버리지 않을 것이며

나는 너를 기뻐한다.

나는 지금도 콧노래로 너의 노래를 부른다.

때로는 네 옆에서 잠잠히 너를 기다리고 있다.

돌아오기만 해라.

너를 회복시키고 만민 가운데 칭찬과 명성을 얻게 하겠다.

내가 만민 가운데 너를 높여 주겠다."

스바냐 3장 14절부터 20절 말씀은 그리스도께서 오실 때 이루어질 일이라는 것을 알 수 있습니다. 주님은 구원을 베푸실 전능한 왕으로 우리 가운데 오셨고, 우리를 불러 주시고 하나님의 심판을 면하도록 해 주셨습니다. 주님은 십자가와 부활로 우리에게 구원과 평화를 주시고 천하 만민 중에서 우리가 칭찬과 명성을 얻게 하셨습니다. 그러므로 전심으로 기뻐하며 즐거워하십시오. 스바냐서의 이 대목은 장차 이루어질 하나님 나라에 대한 묵시이기도 합니다.

: 말씀 나누기 :

1. 스바냐서에 나오는 심판의 말씀,습 1:1-18, 2:4-15, 3:8 회개를 촉구하는 말씀,습 2:1-3, 3:1-8 구원과 위로의 말씀습 3:9-20을 찾아 읽어 봅시다.

2. 심판에서 중요한 말은 무엇입니까?

3. 여호와의 날에 구원을 얻을 수 있는 세 가지 방법은 무엇입니까? 습 2:3

4. 남은 자들에게 위로를 주시는 말씀은 무엇입니까?습 3:16-19

: 은혜 나누기 :

1. 세상 사람들의 형통을 보고 기죽은 적이 있습니까? 우리가 이러한 사람들 앞에서 기죽지 말아야 할 이유는 무엇인지 나누어 봅시다.

2. "무명한 자 같으나 유명한 자"의 뜻을 생각해 봅시다.고전 6:9

3. 항상 하나님만을 바라고 죄를 회개하고 돌아오는 삶이 되도록 기도합시다.

일_{어나}깨_어움_{직여라}

10

학개서의 배경

남북 이스라엘 왕국이 멸망한 후^{BC 586} 유대인들은 분산 정책에 의해
여러 곳으로 분산되거나 수천 명은 포로로 잡혀가기도 했습니다. 이들을
디아스포라^{흩어진 유대인}라고 부릅니다. 이 시기에 성경은 포로들의 이야
기를 중심으로 기록하였습니다. 그것이 에스라, 느헤미야, 에스더, 다니
엘, 에스겔과 같은 책입니다.

이후 페르시아가 중동의 패권을 잡으면서 고레스는 유화정책을 펼쳤
고, 이로써 유대인 포로들이 바벨론으로부터 예루살렘에 귀환했습니다.
예루살렘에 돌아온 유대인들은 제일 먼저 파괴된 성전을 재건하는 일부
터 시작했습니다. 그러나 BC 536년, 스룹바벨과 더불어 1차로 귀환한
사람들이 시작한 성전 재건이 사마리아 사람들의 시기와 모략과 반대로
1년 만에 중단되었습니다. 그리고 15년이 흘렀습니다. 이렇게 예루살렘
에 돌아온 후 가졌던 성전 재건의 꿈이 점점 사라져 가는 듯 했습니다.

학개는 포로 후기 선지자로 포로에서 귀환하는 6세기 말 스가랴와 동
시대 인물입니다. 학개는 그의 말년^{80세}에 다시금 이스라엘 백성을 일깨
워 하나님을 향한 열심을 불러일으켰습니다^{BC 520}. 학개서는 성전을 짓
게 하는 하나님의 감동 경영과 함께 이스라엘 백성에게 전하는 네 번의
감동적인 메시지로 구성되어 있습니다.

!

"나중 영광이
이전 영광보다 크리라"

학개 2:1-9

Awakening

! 각광받고 있는 디아스포라 선교

예레미야 52장 28절에서 30절까지의 기록에 보면 유대인들은 세 차례에 걸쳐서 바벨론의 포로로 잡혀갔는데 그 숫자는 총 4천 600명이었습니다. 열왕기하 24장 14절에는 포로의 숫자가 일만 명으로 나와 있습니다. 그러나 한 가지 잊지 말아야 할 사실은 유대인들이 모두 다 본국에서 나간 것은 아닙니다. 여전히 대부분의 유대인들은 예루살렘을 중심으로 생활하고 있었습니다. 비율로 하면 디아스포라는 본국에 남아 있는 유대인의 1퍼센트도 안 되는 사람들입니다. 그런데 이 1퍼센트도 안 되는 디아스포라가 이 시기의 이스라엘 역사의 주류를 형성하고 있습니다. 지금도 세계에 흩어진 유대인들이 본국에 있는 이스라엘 사람들보다 세계사에 더욱 큰 영향력을 끼치고 있는 것과 매한가지입니다. 이는 역사상 그 유례를 찾아볼 수 없는 참으로 특이한 일입니다.

디아스포라는 이스라엘 역사에서뿐만 아니라 유대인들의 신앙생활에도 지대한 공헌을 하였습니다. 먼저 그들은 가는 곳마다 회당을 지었습니다. 회당이 하나님의 말씀을 배우고 익히는 교육의 장소가 되면서 유대인들은 말씀을 더욱 가까이 하게 되었으며, 이후 성전 제사 중심의 공동체에서 율법 공동체로 발전되면서 말씀에 대한 관심이 고조되었습니다. 특별히 성경을 당시의 세계 언어인 헬라어로 옮기면서 신앙의 세계화를 꾀할 수 있게 되었습니다. 최초의 성경 번역본인 70인역이 나오게 된 것이 이때입니다. 또한 회당을 중심으로 예배와 교육과 친교가 이루어졌습니다. 말하자면 오늘날의 교회는 이때의 회당의 전통을 이

어받고 있는 셈입니다. 하나님은 예루살렘 성전에만 계시지 않고 이방 땅 어디에도 계신다는 '하나님 편재遍在 사상'을 낳기도 했습니다.

한민족에게도 디아스포라가 있습니다. 우리에게는 일제강점기에 징용으로 끌려가거나 피란 또는 이민을 떠나 만주, 러시아, 일본, 미국 등 세계에 흩어지게 된 역사가 있습니다. 그 덕분에 현재는 세계 어느 곳에든지 한국 사람은 없는 곳이 없다고 합니다. 2011년 기록에 따르면 한민족 디아스포라가 176개국 700만 명에 이르고, 교회는 4천 900개가 된다고 합니다. 뼈아픈 과거이기는 했지만, 이를 계기로 세계에 흩어진 한민족이 새로운 역사를 만드는 위대한 힘이 될 수 있습니다.

이처럼 민족의 시련이 민족 도약의 계기가 될 수 있습니다. 이들을 선교 자원으로 활용하면 세계 선교에 엄청난 역사를 이룰 수 있습니다. 일본 사람은 가는 곳마다 회사를 세우고, 중국 사람은 음식점을 세우지만, 한국 사람은 교회를 먼저 세우고 교회를 중심으로 살아갑니다. 이것도 이스라엘 민족과 비슷한 점입니다.

제가 미국에서 이민 교회 목회를 했습니다. 이민 교회는 유대인의 회당과 같은 역할을 하고 있습니다. 예배하는 것 외에 한글 학교도 운영하고, 친교도 나누고, 한국 문화도 가르치고, 이민 생활을 서로 도와주도록 했습니다.

유대인들의 디아스포라 역시 기회가 주어질 때마다 수차례에 걸쳐서 신앙생활의 중심이었던 예루살렘 성전을 재건하는 일을 주도하였습니다. 이러한 운동을 통하여 디아스포라는 침체된 이스라엘의 민족적인 자존심과 하나님을 향한 신앙심을 부흥시키는 역할을 감당했습니다. 그러므로 멀리 보면 포로기가 이스라엘에게 있어서 은혜의 역사일 수 있습니다.

모세의 출애굽exodus에 이은 두 번째 출애굽인 포로 귀환은 새로운 시작을 의미하고 있습니다. 포로기는 강력한 열방들 가운데 보호를 받는 인큐베이터와 같은 시기입니다. 이때는 '남은 자', '새순', '그루터기' 사상을 마음에 품어야 하는 시기입니다. 이러한 내용이 에스라, 느헤미야, 학개, 스가랴 선지서를 통해서 우리에게 증거되고 있습니다.

❗ 처소를 찾으시는 하나님

이스라엘 민족이 고국에 돌아와 마주한 암담한 처지만큼이나 현재를 살아가는 우리에게도 앞이 캄캄하고 무엇부터 어떻게 해야 좋을지 모르겠을 때가 생깁니다. 지금까지 쌓아온 것도, 지금 당장 나를 지탱해 줄 것도 없다는 생각이 들 때 우리는 종종 육적인 방법으로 그 공백을 채우려고 합니다. 그러나 민족적인 어려움을 헤쳐 나가는 방식에 있어서는 성경이 제시하는 바와 우리의 방법 사이에 상당한 거리가 있는 것 같습니다. 아마도 문제의 원인을 다른 곳에서 찾았기 때문이 아닌가 하는 생각이 듭니다. 성경으로 돌아간다는 것은 무엇을 의미합니까? 오늘 우리의 상황에 성경을 펴 들고 문제를 진단하고, 성경이 제시하는 방법으로 적용하는 것입니다.

학개서를 통해 지금 우리의 상황을 읽어야 합니다. 바른 성경 읽기는 성경으로 우리를 읽는 것입니다.

혹자는 "우리는 포로가 된 적도 없고 더구나 포로에서 귀환하여 재건할 성전도 없는데, 학개서의 말씀이 우리에게 무슨 소용이 있는가?"라고 질문할지 모릅니다. 어떤 사람들은 이 말씀을 오늘날 자신들의 교회를 건축하고 확장하는데 적용하고 있습니다. 그러나 이 말씀은 건물을 건축하는 것 이상의 의미를 담고 있습니다. 바로 하나님 나라 건설에 초점이 있다는 것입니다.

하나님은 역사 이래로 처소를 찾으시는 분입니다. 우리와 함께 거하시기를 원하십니다. 이를테면 하나님이 나그네인 셈입니다. 그래서 나그네를 접대하는 환대가 중요한 덕목으로 강조되었는지 모릅니다. 이것이 구약 족장들에게는 제단에서, 출애굽 이후에는 법궤가 있는 성막에서, 가나안에 정착한 후에는 다윗과 솔로몬을 통한 성전에서 하나님의 거하시는 처소가 백성 가운데 위치하였습니다. 이것이 구약의 '장소 임재 사상'입니다. 이는 하나님께서 거하시는 곳이 거룩한 곳이며 하나님은 백성의 중앙에 좌정하시고, 이스라엘은 곧 성전이며 그 중심에 하나님이 임하신다는 신앙을 키워 왔습니다. 그들은 절기가 되면 먼 곳에서도 성전에서 제사를 드리기 위해 올라왔고, 포로로 잡혀갔을 때도 성전을 향한 문을 열어 놓고 기도하며, 성전 보기를 사모했습니다. 성전은 하나님의 보이는 실재처럼 간주되었습니다. 그래서 솔로몬 성전, 스룹바벨 성전, 헤롯 성전 등으로 이어져 왔습니다.

이스라엘은 성전을 살아계신 하나님의 처소로 보았을 뿐 아니라 신앙생활의 중심으로 보았습니다. 그러므로 이 성전이 훼파되었다는 사실은 단순히 건물의 훼손이 아니라 신앙의 중심을 잃어버리는 신앙생활의 위기입니다. 만일 성전이 재건되지 않았다면 이스라엘은 영영 신앙을 잃어버렸을지도 모릅니다. 그러므로 성전 재건은 교회 건축보다는 신앙의 재건이며, 하나님을 다시금 삶의 중앙에 모시는 영적인 교훈에 강조점이 있습니다.

이 성전은 신약에 오면 예수님께서 "이 성전을 헐라 내가 사흘 동안에 일으키리라"요 2:19고 말씀하신 대로 예수 그리스도를 나타내고 있습니다. 그러니까 구약의 장소 임재 사상이 신약에서는 한 인격 예수 그리스도를 통해 우리와 함께하시는 '인격 임재 사상'으로 바뀌었습니다. 그러므로 구약의 성전 재건 기사는 예수 그리스도 안에 있는 신앙생활에 초점을 두고 읽어야 의미가 있습니다엡 2:20-22. 하나님 나라라는 관점에서 읽어야 합니다.

！ 삶의 우선순위

학개서의 첫 번째 메시지는 삶의 우선순위를 회복하라는 것입니다학 1:2-15.

이스라엘 민족의 성전 재건은 하나님과의 언약 갱신, 하나님과의 사귐의 회복을 의미합니다. 그래서 포로 생활로부터 귀환한 이스라엘은 훼파된 성전을 재건하여 하나님께 예배하는 처소를 마련하는 것에 우선적인 노력을 기울였습니다. 그런데 여러 가지 방해와 장애물이 있었습니다. 타민족들이 반란을 일으킨다고 모함도 하고, 공사를 계속하면 죽인다고 위협도 하고, 성전을 지을 재정적인 형편도 어려워서 1년 만에 공사를 포기했습니다.

백성은 스스로 변명하기를 "여호와의 전을 건축할 시기가 이르지 않았다"학 1:2고 했습니다. 이스라엘 민족은 주위의 상황을 탓하면서 시간을 끌고 책임을 회피했습니다. 하나님의 영광의 회복이 자기들 시대에 이루어지지 않을 것이라고 생각했습니다. 학개의 서술은 예언이 임한 시기와 일을 시행하는 날짜를 시간적 흐름에 따라 정확하게 기록하고 있습니다. 특히 다섯 번의 정확한 날짜가 기록되어 있으며 시기와 숫자가 반복적으로 나옵니다. 이것은 중요한 의미를 가집니다. 하나님의 시간입니다. 이스라엘은 때가 아니라 하고 하나님은 바로 이때라고 하십니다. 우리는 때가 아니라고 하고 하나님은 지금이 그때라고 하십니다. 누구 말을 들어야 할까요? 하나님 말씀을 들어야 합니다. 때는 하나님께서 정하십니다.

또 그들은 이왕 성전을 지으려면 솔로몬 때같이 잘 할 수 있어야 하는데, 그렇게 못할 바에야 아예 시작하지 않는 편이 낫다고 핑계를 댔습니다. 그리고 제각기 흩어져 자기 생활 돌보기에 분주하였습니다. 그러면서도 자신들의 집은 크고 견고하게 그리고 호화롭게 지었습니다. 하나님께 드리는 것에는 인색하고 스스로의 일을 위해서는 많은 것을 썼습니다. 그들이 포로로 지낼 때는 성전을 그리워하여 만일 고향에 돌아가기만 하면 성전을 재건하고 그곳을 중심으로 살아 보겠다고 다짐하며 소원하였건만 이제 고국에 돌아오니 그 맹세는 다 어디로 가고 자기 살기에 바빠진 것입니다. 시간이 지나면서 허물어져 방치되어 있는 하나님의 성전을 보고도 아무런 마음의 가책을 받지 않을 정도로 신앙의 양심이 무디어졌습니다.

이것은 다윗의 심정과는 정반대입니다. "나는 백향목 궁에 거하거늘 하나님의 궤는 휘장 가운데 있도다"삼하 7:2; 대상 17:1 이런 마음만으로도 하나님은 다윗을 축복하시고 오히려 하나님께서 다윗의 집을 견고히 세워 주셨습니다대상 17:7-14. 그러나 포로기 이후 이스라엘은 자기 일에만 몰두하여 바쁘고 하나님에 대해서는 관심이 없었습니다. 우리가 하나님의 일을 하면 하나님께서 우리의 일을 해주시는데, 우리는 우리의 일만 돌보기에 바빴습니다. 세상에서 '나쁜 사람'은 자기만 돌보는 '나뿐인' 사람입니다. 지금의 세상은 개인들의 이기주의가 팽배합니다. 가족 간에도 자기만을 생각하는 개인주의가 문제입니다. 죄sin의 중심은 '나'¹입니다.

"이 성전이 황폐하였거늘 너희가 이때에 판벽한 집에 거주하는 것이 옳으냐"학개 1:4

"내 집은 황폐하였으되 너희는 각각 자기의 집을 짓기 위하여 빨랐음이라" 학개 1:9

학개와 스가랴는 이런 시대에 하나님의 약속에 대한 신실한 믿음을 가지고 백성을 일깨우고 있습니다. 백성을 독려하고 있습니다. 학개는

백성에게 이런 너희의 행위가 합당한지 살펴보라고 촉구합니다. "너희는 너희의 행위를 살필지니라"학 1:5

"너희가 많이 뿌릴지라도 수확이 적으며 먹을지라도 배부르지 못하며 마실지라도 흡족하지 못하며 입어도 따뜻하지 못하며 일꾼이 삯을 받아도 그것을 구멍 뚫어진 전대에 넣음이 되느니라" 학개 1:6

학개 1장 6절에서 말하고 있는 이런 사람들은 많이 가져도 삶의 보람과 기쁨이 없고 늘 근심하면서 밑 빠진 독에 물 붓기 식의 삶을 산다는 것입니다. 이스라엘의 상황이 경제적으로 악화되고, 가뭄이 들고, 기근이 들어 나날이 어려운 생활을 하게 되었던 이유입니다. 우리가 열심히 일해도 수확이 적고, 먹어도 만족이 없고, 아끼고 모아도 남는 것이 없는 이유입니다.

"너희가 많은 것을 바랐으나 도리어 적었고 너희가 그것을 집으로 가져갔으나 내가 불어 버렸느니라" 학개 1:9

"그러므로 너희로 말미암아 하늘은 이슬을 그쳤고 땅은 산물을 그쳤으며 내가 이 땅과 산과 곡물과 새 포도주와 기름과 땅의 모든 소산과 사람과 가축과 손으로 수고하는 모든 일에 한재를 들게 하였느니라" 학개 1:10-11

"그때에는 이십 고르 곡식 더미에 이른즉 십 고르뿐이었고 포도즙 틀에 오

십 고르를 길으러 이른즉 이십 고르뿐이었었느니라" 학개 2:16

이렇게 삶의 우선순위를 저버리고 나 중심의 삶을 살아가는 사람들은 열심히 하는 것 같아도 남는 것이 없습니다.

학개는 이스라엘의 경제 악화의 원인을 하나님의 일을 하지 않기 때문으로 돌렸습니다. 성전 재건은 나 중심에서 하나님 중심으로 돌아가는 것입니다. 나 우선에서 하나님 우선으로 삶의 우선순위를 돌리는 것입니다.

❗ 산에 올라 성전을 건축하라

'God first, Others second, Myself last'라는 말이 있습니다. 무엇보다 하나님의 일을 가장 우선순위에 두어야 한다는 말입니다. 제가 섬기던 미국 교회에서도 매주 스태프 미팅을 할 때, 이런 우선순위에 따라 보고를 했습니다. 예수님도 "너희는 먼저 그의 나라와 그의 의를 구하라 그리하면 이 모든 것을 너희에게 더하시리라" 마 6:33고 하셨습니다. 소중한 것을 먼저 해야 합니다. 만일 큰 항아리에 큰 돌, 자갈, 모래, 흙, 물을 넣어야 한다면 무엇부터 집어넣어야 할까요? 큰 것부터 넣어야 합니다. 입자가 작은 것으로 먼저 채우면 큰 것을 넣을 수가 없습니다.

내 집을 짓는 것도 중요하고, 내 사업도 중요하지만, 그보다 하나님 나라를 구하는 일, 하나님을 섬기는 일에 우선순위를 두어야 합니다. 하나님의 뜻에 조명을 받으면서 내 일이 그 다음에 놓여야 삶의 질서를 잡을 수 있는 것입니다. 하나님 나라를 구하는 일은 삶의 목표를 잡는 일이요, 중심을 잡는 일입니다. 신앙생활은 알고 보면 나는 하나님의 일을 구하고, 하나님은 내 일을 해주시는 것입니다. 저는 이것을 '스리 쿠션three cushions' 경영이라 부르고 싶습니다당구 경기의 한 방법으로 공을 맞히기 전 3회 이상 쿠션에 부딪히는 것. 하나님을 먼저 구하십시오. 그러면 하나님께서 당신의 일을 해주십니다. 내 일을 내가 해내려는 욕심을 버리고 하나님의 일에 목적을 두면 하나님의 팔이 움직여 내 일을 성취하십니다. 하나님의 일을 위해 살 때 하나님께서 우리의 모든 것을 책임져 주십니다. 하나님의 나라를 구하며 교회가 평안할 때, 가정도, 사업도, 나라도 평안합니다. 하나님은 처음부터 대단한 것을 요구하시지 않습니다. 하나님은 마음만 있으면 얼마든지 할 수 있는 일을 요구하십니다. "너희는 산에 올라가서 나무를 가져다가 성전을 건축하라"학 1:8.

! 날마다 새로워지는 신앙 회복

학개서의 두 번째 메시지는 신앙을 회복하라는 것입니다학 2:1-9.

학개를 비롯한 이스라엘의 노인들은 솔로몬이 지어 놓았던 성전의 위용을 잘 기억하고 있습니다. "너희 가운데에 남아 있는 자 중에서 이 성전의 이전 영광을 본 자가 누구냐 이제 이것이 너희에게 어떻게 보이느냐 이것이 너희 눈에 보잘것없지 아니하냐"학 2:3 전에는 그것이 자랑스럽게 여겨졌지만 그 영광이 사라진 지금 그것을 추억하는 것조차 부끄럽습니다. 앞으로 노력을 한다 한들 그 이상으로 잘 할 자신이 서지 않고 오히려 기가 죽어 팔다리가 풀리는 과거의 유물에 지나지 않습니다. 심지어 백성의 지도자도 풀이 죽었나 봅니다. 그러기에 하나님은 포로에서 갓 돌아온 이스라엘과 지도자들을 향하여 "스룹바벨아 스스로 굳세게 할지어다 여호사닥의 아들 대제사장 여호수아야 스스로 굳세게 할지어다 여호와의 말이니라 이 땅 모든 백성아 스스로 굳세게 하여 일할지어다 내가 너희와 함께하노라 만군의 여호와의 말이니라"학 2:4고 하셨습니다.

가나안 땅에 들어갈 때 여호수아에게 말씀하신 것처럼 "굳세게 할지어다"라고 세 차례에 걸쳐서 말씀하시고 "내가 너희와 함께하노라"고 약속하셨습니다. 얼마나 낙담해 있으면 이렇게까지 하나님께서 하시겠습니까?

사실 다윗이 준비하고 솔로몬이 7년 동안 온갖 보화를 동원하여 온 이스라엘 백성이 힘을 들여 지은 그 성전도 알고 보면 솔로몬이 한 것이 아니라 하나님께서 직접 자신의 집을 지으신 것입니다. 솔로몬도 그렇게 고백했습니다.

"주께서 주의 종 내 아버지 다윗에게 하신 말씀을 지키사 주의 입으로 말씀하신 것을 손으로 이루심이 오늘과 같으니이다" 열왕기상 8:24

하나님께서 지으시고 하나님의 영광을 그곳에 두셨기에 솔로몬이 사라졌어도, 그 보물이 없어도 하나님께서 함께하시면 우리도 할 수 있습니다. 같은 시대 학개보다 더 젊었던 선지자 스가랴도 말하였습니다.

"이는 힘으로 되지 아니하며 능력으로 되지 아니하고 오직 나의 영으로 되느니라 큰 산아 네가 무엇이냐 네가 스룹바벨 앞에서 평지가 되리라 그가 머릿돌을 내놓을 때에 무리가 외치기를 은총, 은총이 그에게 있을지어다 하리라 하셨고 여호와의 말씀이 또 내게 임하여 이르시되 스룹바벨의 손이 이 성전의 기초를 놓았은즉 그의 손이 또한 그 일을 마치리라 하셨나니 만군의 여호와께서 나를 너희에게 보내신 줄을 네가 알리라 하셨느니라 작은 일의 날이라고 멸시하는 자가 누구냐 사람들이 스룹바벨의 손에 다림줄이 있음을 보고 기뻐하리라" 스가랴 4:6-10

존 웨슬리의 묘비에 다음과 같이 쓰여 있습니다. "하나님께서는 자신의 종을 땅에 묻으신다. 그러나 자신의 일을 계속하신다The Lord buries his servant but continues his work." 하나님은 살아있는 우리를 돕는 분이십니다. 하나님은 지금도 일하십니다. 하나님은 지금도 함께 일할 동역자를 찾고 계십니다.

하나님은 출애굽 역사를 상기시키시며 잔뜩 주눅 들어 있는 이스라엘에게 두려워 말라고 하십니다.

"너희가 애굽에서 나올 때에 내가 너희와 언약한 말과 나의 영이 계속하여

너희 가운데에 머물러 있나니 너희는 두려워하지 말지어다" ^{학개 2:5}

그때도 맨손으로 강한 이집트를 물리치고 나왔지 않느냐는 것입니다.

"만군의 여호와가 이같이 말하노라 조금 있으면 내가 하늘과 땅과 바다와 육지를 진동시킬 것이요 또한 모든 나라를 진동시킬 것이며 모든 나라의 보배가 이르리니 내가 이 성전에 영광이 충만하게 하리라 만군의 여호와의 말이니라" ^{학개 2:6-7}

'만국의 보배'는 예수 그리스도를 말합니다. 학개 2장 6절과 7절은 이러한 만국의 보배가 이스라엘과 함께하시므로 다시 세울 성전은 세상의 어떤 보화보다도 더 영광이 넘치는 성전이 될 것이라고 기록하고 있습니다. 하나님은 금과 은도 다 내 것이라 하시면서 "이 성전의 나중 영광이 이전 영광보다 크리라" ^{학 2:9}고 말씀하십니다. 솔로몬 성전의 영광보다 더 크리라는 것은 하나님의 우주적 개입을 말씀하는 것입니다. 이것은 종국에 예수 그리스도를 통해 이루어질 것을 예견합니다. 하나님은 또한 "내가 이곳에 평강을 주리라" ^{학 2:9}고 하셨습니다. 거듭 하나님께서 보증의 말씀을 주시는 것입니다. 영광은 건물의 규모가 아니라 하나님의 임재에 달려 있습니다. 형식이 아니라 내용입니다. 하나님께서 채워 주신다는 말씀입니다.

하나님은 과거뿐 아니라 현재와 미래도 주관하십니다. 교회들이 '초대교회로 돌아가자'고 구호를 외치는데, 사실은 초대교회로 역사를 회

귀할 수는 없지만, 오늘도 살아 계신 성령님의 역사를 통하여 초대교회 이상의 교회를 재현할 수 있습니다. 그것이 부흥입니다. 한국 교회는 처음 사랑, 처음 신앙을 회복해야 합니다. 성전 재건은 다시 한 번 신앙의 부흥을 일으키는 것을 의미합니다. 나 자신과 교회와 이 나라는 다시 한 번 신앙의 부흥을 맞이해야 합니다. 이 일은 '하나님의 영'과 '하나님의 약속'학 2:5으로 되며 하나님께서 함께하실 때 가능합니다.

16세기 종교개혁자 존 녹스John Knox는 스코틀랜드 교회를 재건할 때 이 학개의 교훈에 기초하여 신앙 부흥을 역설하였습니다. 오늘 한국 교회는 무너진 모습들을 바로 세워 새롭게 재건해야 합니다. 지금은 교육, 양육, 전도, 섬김, 사귐 또는 받은 은사를 활용하여 사랑으로 그리스도의 몸을 세울 때입니다엡 4:11-16. 말세에 하나님의 심판은 교회로부터 시작될 것입니다벧전 4:17. 나중 영광이 이전 영광보다 커야 합니다. 우리의 믿음생활은 날마다 새로워져 이전보다 나아지는 생활이 되어야 합니다.

우리의 전성기는 아직 오지 않았습니다. 다음에 할 일이 우리의 최고의 일이 될 것입니다. 교회의 전성기도 아직 오지 않았습니다. 내년에, 후년에 더욱 부흥할 것입니다.

! 성전을 재건하는 거룩한 삶

학개서의 세 번째 메시지는 거룩한 삶을 회복하라는 것입니다학 2:10-19.

학개의 말씀 선포에 힘을 입은 이스라엘은 다시금 일어나 성전을 재건하게 됩니다. 그러나 여기에 만족하지 않고 이제 학개는 보이는 성전보다 마음의 성전을 염두에 두고 말씀을 전하고 있습니다 스가랴는 학개보다 무형의 성전을 더 강조했습니다. 이것은 바울이 전하는 바 우리가 하나님의 거하시는 성전이기 때문에 거룩한 삶을 살아야 한다는 교훈과 상통하는 것입니다.

학개는 이런 질문을 합니다.

"성전 건축이 이스라엘을 자동적으로 거룩하게 하느냐?"

"성전만 재건하면 하나님께서 이곳에 입주하시고 이스라엘은 하나님께 저절로 용납될 수 있는가?"

학개는 제물의 비유를 들어 제사장들에게 질문하면서 거룩함에 대한 교훈을 주고 있습니다. 즉 "거룩한 고기가 다른 떡이나 국이나 포도주나 기름 등 다른 것들에 접촉하게 되면 다른 것들도 저절로 거룩하게 되느냐"는 것입니다. 그러자 제사장들은 "아니다"라고 결론을 내렸습니다. 학개는 다시 한 번 "그러면 반대로 부정한 시체를 접촉한 자가 앞에 나열된 것들을 만지면 부정해지느냐"고 물었습니다. 그랬더니 제사장들은 "부정해진다"고 대답했습니다.

이것은 거룩한 것은 자동적으로 전달이 안 되고, 부정한 것은 전염성이 있다는 것을 나타내는 비유입니다. 내가 목욕을 하고 왔다고 해서 내 몸을 만지는 사람마다 깨끗해집니까? 아닙니다. 그렇지만 더러운 오물을 뒤집어 쓴 사람이 당신을 만지면 어떻게 되겠습니까? 당신 역시 오물이 묻어 더러워질 것입니다. 아내가 하나님을 잘 믿는다고 같이 사는 남편이 천국에 갑니까? 아닙니다. 실제로 선은 배우기 어려워도, 악은 힘들이지 않고도 쉽게 행해집니다. 채소는 키우기 어렵고 잡초는 가꾸지 않아도 잘 자랍니다. 소돔과 고모라 성에 살던 롯과 자녀를 보면 악의 영향력을 알 수 있습니다.

이 말씀은 중요한 의미를 담고 있습니다. 이스라엘이 지은 성전이 거룩하다고 해서 그곳에 모인 모든 사람이 거룩하고, 나아가 이스라엘이 거룩해지는 것은 아니라는 사실입니다. 그곳에 들어 왔다고 해서 저절로 하나님께 용납되는 것이 아닙니다. 그렇게 알고 성전을 지었다면 크게 오해한 것입니다. 마찬가지로 제물이 사람을 거룩하게 하는 것이 아니라 사람이 제물을 거룩하게 합니다.

유럽에 가 보면 성당과 교회의 규모가 이루 상상할 수 없을 정도로 크고 오랜 시간 동안 엄청난 물질을 투자하여 웅장하게 지어진 것을 보게 됩니다. 수백 년을 두고 성전을 짓는 곳도 있습니다. 스페인 바르셀로나에 가면 가우디가 설계하여 1882년부터 짓기 시작한 사그라다 파밀리아성가족 성당이 있습니다. 130년이 지난 지금도 계속 짓고 있는데 2035년에 완공 예정이라고 합니다. 오랜 세월 대를 이어 가며 성전을 짓는 것은 믿음을 잇는 것을 상징합니다. 성전을 지은 사람들의 정성과 믿음은 감탄할 만합니다.

그러나 보이는 성전 못지않게 마음의 성전이 중요합니다. 건물보다 사람이 중요합니다. 우리가 거룩하지 못하면 우리가 드린 예배도, 그 손으로 드리는 예물도 부정할 수밖에 없습니다. 성전을 짓거나 하나님의 일을 한다고 자동적으로 거룩해지는 것이 아닙니다. 성경을 읽고,

성례전을 행하고, 교리와 예식을 지키는 것이 우리를 거룩하고 의로운 그리스도인으로 만들지 못합니다. 그러므로 보이는 성전뿐 아니라 거룩하신 하나님을 모실 마음의 성전을 준비해야 합니다. 거룩한 삶의 회복이 일어나야 합니다. 학개는 과거에 부정한 삶을 살던 때 하나님께 받은 징계를 기억하라고 말합니다학 2:15, 18. 기억하고remember, 회복해야recover 합니다.

이렇게 성전을 재건하면서 삶의 우선순위를 바로 정하고, 이전의 신앙을 회복하고, 거룩한 삶을 회복할 때 진정한 의미에서 성전 재건이 완성되는 것입니다.

이때에 네 번째 희망적인 메시지가 주어집니다학 2:20-23.

"만군의 여호와가 말하노라 스알디엘의 아들 내 종 스룹바벨아 여호와가 말하노라 그 날에 내가 너를 세우고 너를 인장으로 삼으리니 이는 내가 너를 택하였음이니라 만군의 여호와의 말이니라 하시니라" 학개 2:23

먼저 이 상황 속에서 우리는 그루터기와 같이 부름받은 사람들이란 믿음을 가져야 합니다. 일터나 사업장에 나서기에 앞서 먼저 마음의 성전을 재건해야 합니다. 이것이 우선순위입니다. 첫사랑을 회복하고, 과거의 순수한 신앙의 열정을 회복하고 더욱 발전시켜야 합니다. 거룩한 삶의 능력을 회복해야 합니다. 이렇게 일으킨 신앙의 부흥은 민족의 부흥으로 연결됩니다.

하나님께서는 우리에게 말씀하십니다.

"너의 나중 영광이 이전의 어떤 영광보다 크리라. 너의 전성기는 아직 오지 않았다. 담대하게 나오라. 나와 함께 새로운 역사를 일으키자!"

: 말씀 나누기 :

1. 디아스포라는 누구를 의미합니까?

2. 예루살렘에 돌아온 디아스포라는 제일 먼저 무엇을 재건했습니까?

3. 하나님의 일보다 자기 일에 급급한 사람들에게 하나님은 무엇이라 말씀하십니까? ^{학 1:4-6}

4. 학개는 제사장들에게 제물의 비유를 들어 무엇을 가르쳐 줍니까? ^{학 2:11-14}

5. 말씀을 통해 주시는 약속은 무엇입니까? ^{학 2:9, 23}

: 은혜 나누기 :

1. 학개의 메시지를 듣고 우리가 회복해야 할 것이 무엇이라 생각하는지 이야기해 봅시다.

2. 거룩한 삶을 살아가도록 기도합시다.

일_{어나}깨_어움_{직여라}

11

스가랴서의 배경

제사장 가문의 선지자겸 제사장이었던 스가랴는 학개 선지자와 동시대 사람으로 스룹바벨과 함께 바벨론 포로에서 귀환했습니다. 그는 성전 재건을 하던 사람들에게 하나님의 말씀을 전했습니다. 스가랴가 예언한 다리오 왕 2년은 스룹바벨 성전이 완성되었던 BC 516년을 4년 앞둔 시점입니다.

스가랴는 학개보다 젊고, 메시지 자체도 위로와 격려의 내용을 많이 담고 있으며, 유형적인 성전보다는 마음의 성전을 더 강조했습니다. 학개는 성전 건축에 있어서 사람들의 역할을 강조했지만 스가랴는 하나님께서 하나님의 일을 하신다는 것을 강조합니다. 학개가 사람의 책임을 강조했다면 스가랴는 하나님의 행하심을 강조했습니다.

스가랴서는 소선지서 중에서 가장 길고, 스가랴가 본 묵시적인 환상을 여덟 개나 담고 있어서 이해하기 힘든 책입니다. 스가랴는 이 환상들을 통해 하나님의 뜻을 알려 줍니다. 그리고 메시아에 대한 예언도 많이 다루고 있습니다.

!

"오직 나의 영으로 되느니라"

스가랴 4:6-10

Awakening

! 실수에서 배우지 못할 때

한 유대인 소년이 예언자에게 질문했습니다.

"예언자께서 15년간 예언을 하셨지만 변한 것이 하나도 없다는 것을 아십니까? 그런데도 왜 계속 예언하십니까?"

그러자 예언자는 이렇게 대답을 했습니다.

"얘야, 내가 예언을 하고 있는 것은 세상을 바꾸기 위해서가 아니라 세상이 나를 바꾸지 못하게 하기 위해서다."

하나님은 시대마다 예언자들을 일으키셔서 사람들이 듣거나 말거나 말씀이 살아 있음을 생생하게 증거하고 그 시대를 견인하도록 하셨습니다.

에드워드 카E. H. Carr는 『역사란 무엇인가』라는 책에서 '역사는 과거와 현재의 대화'라고 정의한 바가 있습니다. 즉 역사를 공부하는 이유는 현재를 살아가는 데 필요한 교훈과 미래를 예견하는 지혜를 얻고자 함입니다.

그러나 실상 반만년을 자랑하는 우리의 민족사에서 우리는 무엇을 배웠습니까? 우리는 우리의 지난 정권들의 정치 형태를 보면서 "역사는 반복되는 것인가?"라고 묻곤 했습니다. 헤겔Hegel은 역사에 대해 "역사가 만일 우리에게 가르쳐 주는 것이 있다면 그것은 역사가 우리에게 아무 것도 가르치지 않는다는 것이다"라는 냉소적인 견해를 보였습니다. 어떻게 보면 '우리가 역사에서 아무 것도 배우지 않는다'는 말은 사실입니다.

우리가 지난 역사의 실수에서 배우지 못하고, 또다시 그 실수를 반복하는 것을 보면 우리는 과거의 역사에서 아무 것도 배우지 않고 있음이 분명합니다. 우리는 실수와 잘못을 합니다. 그러나 이것들을 거울로 삼지 않는다면 역사는 반복될 뿐 역사의 진보란 없을 것입니다.

❗ 신앙의 치매를 타개하라

'주님이 기억하신다'라는 이름의 뜻을 가진 스가랴 선지자는 하나님의 백성에게 역사를 통해 배우라고 일깨워 주고 있습니다. 선지자, 예언자란 미래의 것을 앞당겨 예견하는 사람이라기보다는 과거의 역사 속에서 살아 역사하시던 하나님을 오늘과 내일의 살아계신 하나님으로 일깨워 주는 사람입니다. 예언자는 역사를 신앙적인 관점에서 보고 해석하여 오늘과 내일을 위한 삶의 좌표를 제시해 주고 있습니다. 이것은 오늘날 설교자의 과제와 다를 바가 없습니다.

스가랴는 우리에게 자신의 역사를 되돌아보라고 말하고 있습니다. 자신의 삶의 역사를 통해 배우고, 조상들의민족의 삶의 역사를 통해 배우고, 신앙 선배들이 걸어온 교회의 역사를 통해 배우라는 것입니다.

우리는 매일 새것을 찾습니다. 그러나 하나님의 말씀을 대언하는 선지자들은 새로운 것을 말하고 있지 않습니다. 우리가 모르는 사실을 말하는 것이 아닙니다. 리차드 니버Richard Niebuhr는 "기독교의 위대한 개혁은 여태 몰랐던 것을 새로 찾아야 이루어지는 것이 아니다. 그것은 이미 있는 것을 전혀 다르게 보는 이가 있을 때 발생한다"라고 했습니다. 하나님께서는 선지자를 통해 우리가 이미 알고 있는 것, 이미 경험했던 것을 다시 상기remind시켜 주시고 새로운 각도에서 볼 수 있게 해 주십니다. 왜냐하면 우리는 너무나 쉽게 잊어버리기 때문입니다. 우리에게 필요한 것은 새로운 말씀이 아니라 이전의 약속과 말씀을 상기하는 것입니다.

신앙생활에서도 우리는 과거에 당했던 어려움도, 과거에 체험했던 놀라운 은혜도, 과거에 역사했던 하나님의 능력도 쉽게 잊어버립니다. 그리고 또다시 비슷한 상황을 만나면 원망하고, 좌절하고, 의심하는 어리석은 사람들입니다. 이것은 '신앙의 치매' 또는 '신앙의 건망증' 입니다. 우리는 이것을 광야 생활하던 이스라엘에게서, 성경에 등장하는 사람들 가운데서, 교회사와 우리 자신 가운데서 늘 발견합니다.

스가랴는 과거 우리의 실수를 통해서, 범죄를 통해서, 부족함을 통해서 하나님께서 무엇을 하셨는지를 배우라고 말하고 있습니다. 하나님께서 이미 우리에게 보여 주신 것을 무시하지 말라는 것입니다. 어제나 오늘이나 내일이나 하나님은 동일하십니다. 다만 우리가 변할 뿐입니다.

❗ 회개하지 않는 자의 멸망

하나님께 돌아가는 것은 내 삶의 방식과 길에서 방향을 전환하여 하나님께로 향하는 것입니다. 이것이 회개입니다.

"그러므로 너는 그들에게 말하기를 만군의 여호와께서 이처럼 이르시되 너희는 내게로 돌아오라 만군의 여호와의 말이니라 그리하면 내가 너희에게로 돌아가리라 만군의 여호와의 말이니라" 스가랴 1:3

"네 조상들을 생각해 봐라. 하나님께서 선지자들을 통하여 그렇게 돌아오라고 전했는데도 회개치 않고 살더니 그들이 어떻게 되었느냐? 그들이 무엇을 이루었느냐? 그들이 잘 되었느냐? 하나님께서 말씀한 심판을 받지 않았느냐! 흩어지고, 포로로 잡혀가고, 멸망하고, 조롱당하지 않겠느냐!"

"너희 조상들이 어디 있느냐 또 선지자들이 영원히 살겠느냐" 스가랴 1:5

"왜 너의 열조들의 잘못을 통하여 교훈을 얻지 못하고, 도리어 그들의 행위를 본받아 너희도 그렇게 행하느냐! 너희는 하나님께 돌아오라. 그때에 하나님께서 받아 주신다. 하나님의 자비와 심판은 종이 한 장 차이인데, 그것은 회개다. 회개하는 사람에겐 하나님의 긍휼이, 회개치 않는 사람에겐 멸망이 있다."

낚시를 해서 잡은 물고기가 너무 작아 물속에 던졌는데, 이내 다시 낚싯대의 미끼를 덥석 물었습니다. 이 물고기의 지능은 얼마나 될까요? 개가 음식을 잔뜩 먹고 불편하여 담벼락에 토해 놓았다가 시간이 지난 후 출출해지자 자신이 토한 것을 다시 먹더랍니다. 과거의 잘못을 통해 배우지 못하는 미련한 인생이 이것과 무엇이 다릅니까?

회개치 않고 완고하게 고집을 부리다가 재앙을 쌓았던 바로 왕, 우상을 숭배하다가 징계를 받은 악한 왕들, 회개할 기회를 얻지 못한 에서, 사욕을 챙기다가 돌에 맞아 죽은 아간 등. 성경에는 이러한 사람들이 너무나도 많이 나와 있습니다. 처음에 나오는 세 개의 환상, 화석류 나무 사이에 선 사람슥 1:7-17, 네 뿔과 대장장이 네 명슥 1:18-21, 측량줄을 잡은 사람슥 2:1-13은 열방에 대한 하나님의 징계와 이스라엘을 구원하시는 하나님의 역사를 보여 줍니다. 하나님을 대적하던 사람들은 망하지만, 회개하고 하나님의 백성이 된 사람들은 구원을 받습니다. 정말 심판 때에 하나님 앞에서는 할 말이 없습니다.

"모든 육체가 여호와 앞에서 잠잠할 것은 여호와께서 그의 거룩한 처소에서 일어나심이니라 하라 하더라" 스가랴 2:13

❗ 유일한 구원자 되신 분

이스라엘을 애굽 종 되었던 생활에서 해방시키신 분은 하나님이십니다. 포로로 붙잡혀 갔던 바벨론에서 고향으로 돌아갈 수 있게 하신 분도 하나님 한 분이십니다. 구원은 오직 하나님께로만 올 수 있습니다.

이스라엘 백성을 대표하여 선 대제사장 여호수아를 사탄은 계속해서 정죄합니다. 죄를 속하는 제사를 집전하는 대제사장에게 "너도 죄가 많으면서 무슨 자격으로 제사를 인도하느냐?"고 속삭입니다. 사실 여호수아는 불에서 꺼낸 그을린 막대기처럼 검게 그을려 있었고 더러운 옷을 입고 있었습니다. 이것은 우리가 지은 죄입니다. 사탄은 이것을 가지고 우리를 정죄하고, 좌절시키고, 하나님 앞에 서지 못하게 합니다. 그러나 하나님은 이렇게 정죄하는 사탄을 꾸짖고 책망하십니다.

"사탄아 여호와께서 너를 책망하노라 예루살렘을 택한 여호와께서 너를 책망하노라."

그리고 우리의 더러운 옷을 벗기시고 아름다운 옷을 입혀 주십니다.

"여호와께서 자기 앞에 선 자들에게 명령하사 그 더러운 옷을 벗기라 하시고 또 여호수아에게 이르시되 내가 네 죄악을 제거하여 버렸으니 네게 아름다운 옷을 입히리라 하시기로" 스가랴 3:4

여호수아가 대제사장으로서 속죄하는 제사를 진행하는 사람이기 때문에 여호수아를 지칭했지만 우리도 마찬가지입니다. 사탄이 정죄한다고 위축되지 마십시오. 하나님께서 우리를 용서하셨습니다.

종교 개혁을 일으킨 마틴 루터가 아주 심한 병으로 누워 있을 때에 사탄이 그의 침실로 들어왔습니다. 사탄은 승리의 미소를 지으며 루터에게 "내가 네가 지은 죄를 다 알고 있는데 무슨 남의 잘못을 지적하며 개혁을 일으키겠느냐?" 하고 정죄를 하는 것입니다. 그리고 팔에 안고

들어온 커다란 두루마리를 루터의 눈앞에 펼쳐 보였습니다. 거기에는 루터의 죄가 낱낱이 적혀 있었습니다. 그러나 루터는 담대하게 외쳤습니다.

"너는 한 가지 빠뜨린 것이 있다. 거기에 적힌 것들이 모두 사실이지만, 그 아래를 보라. 예수 그리스도의 피가 나의 모든 죄를 깨끗하게 씻어 주셨다."

그러자 그 교활한 사탄은 즉시 자취를 감추었습니다. 루터의 마음에는 주님께서 주신 평화와 용기가 넘쳐나기 시작했습니다.

우리가 완전하여 하나님의 일을 하는 것이 아닙니다. 사탄이 우리를 정죄하고 남이 우리를 비난할지라도 기죽지 마십시오. 하나님께서 우리와 함께하십니다.

우리의 더러운 옷을 벗기고 아름다운 옷을 입혀 주고 싶은 것이 하나님의 심정입니다. 집에 돌아온 탕자에게 새 옷을 입히고 새 신을 신기고, 반지를 끼워 주는 아버지의 모습과 같습니다. 하나님은 정결한 관을 머리에 씌우며, 깨끗한 옷을 입혀 주십니다슥 3:5.

이것은 우리의 죄를 하나님께서 씻어 주시는 광경입니다. 우리는 오직 믿음으로만 의롭게 됩니다. 우리는 하나님 앞에 설 수 없는 죄인이지만 하나님의 은혜가 임하면 하나님께 나아갈 수 있습니다. 구약의 모든 대속 제물과 용서하시는 하나님의 역사를 통해 우리는 이 사실을 기억해야 합니다.

스가랴 5장에는 날아가는 두루마리와 둥근 납 조각을 던져 버리는 환상을 통해 하나님께서 죄를 멀리 옮기시는 것을 시각적으로 보여 줍니다.

그리고 메시아의 탄생슥 3:8으로 새순이 움트는 것, 예루살렘에 입성하심슥 9:9, 목자 없는 양들에게 선한 목자로 오심슥 9:16, 10:2, 은 삼십 개에 팔리심슥 11:12-13, 십자가에 달리심슥 12:10, 더러움과 죄를 씻기는 샘이 되심슥 13:1 등은 메시아에 대한 예언입니다. 예수님을 통한 하나님의 죄를 해결하시고 의롭게 하시는 사역입니다. 이런 스가랴서의 내용은 메시아 예수님을 통해 보아야 그 뜻을 이해할 수 있습니다.

하나님만이 우리의 죄 문제를 해결하시고 우리에게 의를 주시는 분이라는 것을 기억해야 합니다.

❗ 태산을 평지로 만드시는 하나님의 영

당시 스가랴와 백성의 숙원 사업은 성전 재건이었습니다. 물론 그 과정은 쉽지 않았을 것입니다. 소수의 무리가 많은 방해와 대적 앞에서 물질도 없이 이 일을 어떻게 할 수 있었겠습니까? 그러나 하나님은 역사 속에서 살아 일하셨던 하나님을 상기시켜 줍니다.

누가 바로의 손에서 이스라엘을 이끌어 냈습니까? 오직 하나님의 영으로 하셨습니다.

누가 홍해를 가르고 그 가운데 길을 내셨습니까? 오직 하나님의 영으로 하셨습니다.

누가 뱀과 맹수와 추위와 배고픔과 목마름과 끝없는 사막과 광야를 지나게 하셨습니까? 오직 하나님의 영으로 하셨습니다.

누가 바벨론에서의 포로 생활을 마치고 본토로 돌아오게 했습니까? 오직 하나님의 영이 하셨습니다.

누가 우리를 구원하셨습니까? 누가 우리에게 지식과 지혜를 주셨습니까? 누가 우리를 이곳에 부르셨습니까? 누가 우리에게 이러한 사역을 맡기셨습니까? 오직 하나님이십니다.

누가 우리를 부르셨습니까? 누가 우리를 하나님의 자녀로 삼으셨습니까? 누가 우리에게 능력을 주십니까? 오직 하나님이십니다.

만군의 여호와께서 말씀하십니다.

"그가 내게 대답하여 이르되 여호와께서 스룹바벨에게 하신 말씀이 이러하니라 만군의 여호와께서 말씀하시되 이는 힘으로 되지 아니하며 능력으로 되지 아니하고 오직 나의 영으로 되느니라 큰 산아 네가 무엇이냐 네가 스룹바벨 앞에서 평지가 되리라 그가 머릿돌을 내놓을 때에 무리가 외치기를 은총, 은총이 그에게 있을지어다 하리라 하셨고" 스가랴 4:6-7

앞에 말씀에서는 총독 스룹바벨이 큰 역사를 주도하는 지도자이기 때문에 특별히 스룹바벨을 지칭했지만 우리 모두도 마찬가지입니다. 하나님은 우리에게 용기를 주십니다. 우리도 하나님의 영으로 할 수 있습니다. 이 시간에 문제를 향해 이렇게 외쳐 봅시다.

"큰 산아! 네가 무엇이냐? 네가 내 앞에서 평지가 되리라!"

이제까지 하나님의 일을 사람의 지혜나 군대나 힘으로 이룬 적이 없습니다. 그랬다면 그것은 사람의 일이지 하나님의 일이 아닙니다. 스가랴는 하나님의 영이 모든 것을 가능케 한다는 희망의 메시지를 낙담한 백성과 지도자에게 전해 주었습니다. 태산과 같은 장애물이 가로막고 있다고 할지라도 하나님의 영이 평지로 만들고야 말 것입니다. 그것이 우리가 하나님의 역사에서 배운 바입니다. 기초 머릿돌을 놓을 때에도 하나님의 은총으로 되고 시작하신 일을 마칠 때에도 결국 하나님께서 하십니다.

❗ 성령의 능력을 믿어라

우리의 능력으로 하려는 교만도 버리고, 우리의 부족함 때문에 못한다는 절망도 버립시다. 하나님을 믿는 겨자씨만 한 믿음만 있어도 산을 옮길 수 있습니다. 하나님께서 하십니다.

우리의 삶과 가정과 교회의 모든 역사는 오직 성령의 능력으로 됩니다. 성령은 능력입니다. 성령은 일을 이루는 능력, 봉사를 위한 능력, 치유를 위한 능력을 주십니다. 자기의 지혜와 힘과 군대의 능력을 믿고 일했던 인간적으로 강한 자들은 다 망하였고, 비록 약하더라도 성령에 의지하여 행했던 하나님의 사람들은 다 하나님의 역사를 이루었습니다. 이것이 우리에게 가르쳐 주는 신앙의 역사입니다. 이 모든 것이 오직 하나님의 영으로 가능하다는 사실을 기억하십시오. '은총, 은총', 모든 것은 은혜로 하는 것입니다.

할 수 있는 일이 '작은 일'이라고 무시하지 마십시오. 하나님의 일은 믿음 있는 자를 통해 이루어지지만 결국 하나님께서 하십니다.

"작은 일의 날이라고 멸시하는 자가 누구냐 사람들이 스룹바벨의 손에 다림줄이 있음을 보고 기뻐하리라 이 일곱은 온 세상에 두루 다니는 여호와의 눈이라 하니라" 스가랴 4:10

하나님은 낮은 자를 들어 사용하심으로써 교만한 자를 부끄럽게 하십니다. 또한 작은 일을 통해 큰 일을 이루십니다. 우리가 겸손히 낮아질 때, 크신 하나님이 드러납니다. 우리가 할 수 있는 일이 별것 아닌 것처럼 여겨질지라도 하나님께서 크게 이루시니 그 일이 무엇이든 기쁨으로 하십시오.

❗ 심령을 보시는 하나님

하나님은 심령을 보십니다슥 7:1-14, 8:16-19, 14:20. 동시대의 학개 선지자는 유형적인 성전 재건에 비중을 둔 반면 스가랴는 무형적인 마음의 성전 재건을 더 강조했습니다.

하나님의 영을 쉬게 하고슥 6:8 그 마음을 시원케 하는 사람은 일상생활에서 성결한 삶을 살아가는 사람입니다. 기독교는 외식적인 형식주의가 아닙니다. 내면적인 심령의 종교입니다.

스가랴 7장에 보면 백성이 하나님께 은혜를 구하려고 지난 여러 해 동안 했던 대로 금식을 행하겠다고 할 때, 스가랴를 통해 하나님께서 말씀하십니다.

"온 땅의 백성과 제사장들에게 이르라 너희가 칠십 년 동안 다섯째 달과 일곱째 달에 금식하고 애통하였거니와 그 금식이 나를 위하여, 나를 위하여 한 것이냐 너희가 먹고 마실 때에 그것은 너희를 위하여 먹고 너희를 위하여 마시는 것이 아니냐" 스가랴 7:5-6

금식이 굶식이 되고 말았습니다. 먹고 마시는 것도 자신들을 위해서만 행한다고 책망하십니다. 진실한 금식은 마음으로부터 진실하게 행하면서 인애와 긍휼을 베풀며 과부와 고아와 나그네와 궁핍한 자를 압제하지 않고, 남을 해칠 마음을 갖지 않아야 합니다.

"내가 기뻐하는 금식은 흉악의 결박을 풀어 주며 멍에의 줄을 끌러 주며 압제당하는 자를 자유하게 하며 모든 멍에를 꺾는 것이 아니겠느냐 또 주린 자에게 네 양식을 나누어 주며 유리하는 빈민을 집에 들이며 헐벗은 자를 보면 입히며 또 네 골육을 피하여 스스로 숨지 아니하는 것이 아니겠느냐 그리하면 네 빛이 새벽같이 비칠 것이며 네 치유가 급속할 것이며 네 공의가 네 앞에 행하고 여호와의 영광이 네 뒤에 호위하리니 네가 부를 때에는 나 여호와가 응답하겠고 네가 부르짖을 때에는 내가 여기 있다 하리라 만일 네가 너희 중에서 멍에와 손가락질과 허망한 말을 제하여 버리고" 이사야 58:6-9

하나님께서 기뻐하시는 금식은 몸을 괴롭게 하는 것이 아니라 사실은 마음을 바꾸는 것입니다. 마음으로 순종하지 않으면 아무리 금식하고 부르짖어도 듣지 않겠다고 하십니다. 바른 금식은 사월의 금식, 오월의 금식, 칠월의 금식, 시월의 금식을 변화시켜 희락의 절기가 되게 합니다. 하나님은 금식을 잔치로 바꾸십니다.

"만군의 여호와가 이같이 말하노라 넷째 달의 금식과 다섯째 달의 금식과 일곱째 달의 금식과 열째 달의 금식이 변하여 유다 족속에게 기쁨과 즐거움과 희락의 절기들이 되리니 오직 너희는 진리와 화평을 사랑할지니라" 스가랴 8:19

하나님은 심령을 감찰하시는 분이라는 사실을 알아야 합니다. 이 시간에도 마음의 예배를 받으신다는 사실, 순종의 제물을 기뻐하신다는 사실을 명심해야 합니다.

우리가 심령으로부터 하나님의 은혜를 구하고 하나님을 찾을 때, 하나님께서는 우리에게 은혜를 베푸시고, 우리를 만나 주십니다. 이웃을 사랑하고, 진실과 화평을 사랑할 때 우리의 삶이 기쁨과 즐거움과 희락의 세월이 됩니다. 우리가 하나님과 함께 있음으로써 축복받을 때에 이를 보고 만국 백성이 스스로 우리에게 나아와 화친을 맺자 청할 것입니다. 나도 하나님을 믿고 싶다고 요청할 것입니다. 선교와 전도가 절로 되는 삶입니다.

"이 성읍 주민이 저 성읍에 가서 이르기를 우리가 속히 가서 만군의 여호와를 찾고 여호와께 은혜를 구하자 하면 나도 가겠노라 하겠으며 많은 백성과 강대한 나라들이 예루살렘으로 와서 만군의 여호와를 찾고 여호와께 은혜를 구하리라 만군의 여호와가 이와 같이 말하노라 그 날에는 말이 다른 이방 백성 열 명이 유다 사람 하나의 옷자락을 잡을 것이라 곧 잡고 말하기를 하나님이 너희와 함께하심을 들었나니 우리가 너희와 함께 가려 하노라 하리라 하시니라" 스가랴 8:21-23

우리가 심령으로부터 하나님을 섬길 때 참 하나님을 모시게 되며, 참된 은혜의 생활을 할 수 있습니다. 그때에 비로소 다른 사람도 우리가 하나님과 함께하고 있다는 사실을 알게 되고, 그들을 전도할 수 있습니다. 그들은 왕관의 보석같이 여호와의 땅에 빛날 것입니다슥 9:16. "백성들이 양같이 유리하며 목자가 없으므로 곤고를 당하나니"슥 10:2 하나님은 스가랴에게 "너는 잡혀 죽을 양 떼를 먹이라"슥 11:4고 하셨습니다.

"내가 잡혀 죽을 양 떼를 먹이니 참으로 가련한 양들이라 내가 막대기 둘을 취하여 하나는 은총이라 하며 하나는 연합이라 하고 양 떼를 먹일새" 스가랴 11:7

이렇듯 하나님은 참 목자를 통해 은총과 연합을 주시려고 하지만 양들은 참 목자를 거부하고 거짓 목자를 따르면서 비참한 생활을 합니다슥 11:16. 그러나 거짓 목자는 심판을 받게 되는 자들일 뿐입니다슥 11:17.

하나님은 사람을 외모로 취하지 않으시고, 화려한 집에 거하지 않으십니다. 각 사람의 중심을 보시며 성결한 삶을 보십니다. 우리는 축복하시는 하나님을 기억하고 여호와께 성결하기슥 14:20 위해 신앙생활을 해야 합니다.

우리는 오늘과 내일을 위하여 과거의 신앙생활을 돌이켜 보아야 합니다. 그것을 통해 하나님은 죄를 싫어하시고, 성결한 심령을 원하신다는 사실을 기억해야 합니다. 또한 하나님만이 죄를 사하시고, 하나님의 영으로만 모든 것이 가능하다는 사실을 잊지 말아야 합니다. 그래서 과거와 같은 실수나 잘못을 반복하는 일이 없도록 역사에서 계속 배워야 할 것입니다.

: 말씀 나누기 :

1. 스가랴 1장 3절에서 6절에는 무엇을 촉구하고 있습니까?

2. '더러운 옷을 벗기라'는 것은 무엇을 의미합니까? 슥 3:4

3. 이스라엘의 숙원 사업은 오직 무엇으로 됩니까? 슥 4:6

4. 메시아에 대한 예언 가운데 스가랴 9장 9절과, 11장 12절에서 13절은 어디에 해당합니까?

: 은혜 나누기 :

1. 각자 자신의 과거 신앙생활을 돌아보며 하나님의 은혜를 이야기해 봅시다.

2. 하나님께서 기뻐하시는 '성결의 삶'이란 구체적으로 무엇인지 나누어 봅시다.

3. 우리 삶을 오직 하나님 한 분만으로 채워 나갈 것을 다짐하며 함께 기도합시다.

12

말라기서의 배경

'나의 사자'라는 뜻의 말라기는 BC 430년경, 성전이 재건된 후 100여 년이 지난 때의 선지자로, 학개와 스가랴 이후에 활동했습니다. 말라기서는 이스라엘이 고대하던 하나님의 영광이 임하지 않고 오히려 백성의 신앙이 무기력해지고 성전의 중요성이 상실되던 때에 쓰인 말씀입니다. 당시에는 성전의 예배의식이 타락하고, 세속주의, 물질주의, 형식주의, 편의주의가 들어오고 있었습니다. 여기에 말라기는 예배의 회복, 거룩한 삶, 가정의 회복을 주창하고 있습니다.

말라기는 구약을 마무리하는 책입니다. 더구나 끝부분에 메시아 강림을 예비하기 위해 선지자 엘리야를 보내리라고 예언하고 있어서 신약과 연결이 됩니다. "보라 여호와의 크고 두려운 날이 이르기 전에 내가 선지자 엘리야를 너희에게 보내리니"말 4:5. 이는 분명 세례 요한을 가리켜 말한 것입니다. "그가 또 엘리야의 심령과 능력으로 주 앞에 먼저 와서 아버지의 마음을 자식에게, 거스르는 자를 의인의 슬기에 돌아오게 하고 주를 위하여 세운 백성을 준비하리라"눅 1:17.

!

"치료하는 광선을 비추리니"

말라기 4:1-3

Awakening

! 믿음의 본질을 회복하라

"만군의 여호와가 이르노라 보라 내가 내 사자를 보내리니 그가 내 앞에서 길을 준비할 것이요 또 너희가 구하는 바 주가 갑자기 그의 성전에 임하시리니 곧 너희가 사모하는 바 언약의 사자가 임하실 것이라 그가 임하시는 날을 누가 능히 당하며 그가 나타나는 때에 누가 능히 서리요 그는 금을 연단하는 자의 불과 표백하는 자의 잿물과 같을 것이라 그가 은을 연단하여 깨끗하게 하는 자같이 앉아서 레위 자손을 깨끗하게 하되 금, 은같이 그들을 연단하리니 그들이 공의로운 제물을 나 여호와께 바칠 것이라" 말라기 3:1-3

말라기는 마치 법정에서 서로 변론을 하듯이 소크라테스 변증법적으로 서술되는 변론적인 성격을 띠고 있습니다. 전체 내용은 여섯 가지의 질문과 대답, 교훈으로 구성되어 있으며, 하나님과의 언약 관계가 상실됨으로 일어나는 신앙 · 삶 · 가정의 어려움이 나옵니다.

하나님은 언약에 신실하시지만 이스라엘이 하나님과의 언약을 파괴함으로써 모든 문제가 야기됩니다. 그런데도 이스라엘은 깨닫지 못하고 계속해서 하나님을 원망하고 하나님께 책임을 지우려 핑계대는 질문들을 하고 있습니다. 말라기는 깨어진 언약에 대해 하나님께 책임을 전가하는 일을 중단하고 스스로 돌이켜 회개하고 하나님 앞에 돌아오라고 촉구하고 있습니다. 그래서 말라기 1장 6절에서 2장 9절까지는 제사장들의 잘못에 대해, 2장 10절에서 4장 3절까지는 일반 백성의 잘못에 대해 낱낱이 열거하고 있습니다. 이 모든 것은 신앙의 기본기를 말하고 있습니다.

❗ 행위가 아닌 존재의 사랑

이스라엘은 여섯 가지를 하나님께 묻습니다. 그리고 하나님은 이 질문에 성실히 답변해 주십니다.

첫 번째로, 이스라엘은 먼저 하나님께 "어떻게 주께서 저희를 사랑하셨습니까?"라고 묻습니다말 1:2. 그들은 자신들이 하나님 앞에 사랑받을 만한 생활을 하지 못했음을 자백하고 하나님의 긍휼을 구해야 하는데, 오히려 자신들의 어려운 처지와 형편을 들어 하나님께서 자신들을 사랑하지 않는다고 불평을 합니다. 이는 마치 넘치는 사랑과 보살핌을 받은 자녀가 도리어 부모에게 "당신이 언제 나를 사랑했느냐?"고 묻는 격입니다. 이것은 하나님의 사랑을 인정하지 않고 불평하는 것으로 배은망덕의 변입니다. 부모에게 많은 것을 받은 자식일수록 부모의 마음에 못을 박는 말을 합니다.

오래 전 〈고향에서 온 편지〉라는 TV 프로그램이 있었습니다. 그 방송을 보면 도시에 나가 있는 자녀가 부모님에게 감사 메시지를 보내곤 했는데, 신기하게도 어려운 형편에서 자란 자녀가 그렇지 않은 자녀보다 더 애틋하고 감동적인 감사 메시지를 보내곤 했습니다. 부모는 부모대로 더 잘해 주지 못했던 것을 미안해하면서 시청자의 마음을 울렸습니다.

이스라엘은 세상적인 영광이나 있다가 사라질 일시적인 물질의 유무에 따라 하나님의 사랑을 가늠하려고 했습니다. 하나님께서 자신들을 사랑한다면 돈도 집도 땅도 권력도 주셔야 한다는 것입니다. 하나님께서 나와 함께 해주시는 것 자체가 복이라는 생각은 하지 않습니다.

마치 탕자의 비유에 나오는 장자와 같습니다. 장자는 지금껏 한시도 빠짐없이 아버지와 함께하는 행복한 시간을 보냈으면서, 그것을 복이라고 생각하기는커녕 도리어 집 나갔다 돌아온 동생을 위해 베푼 잔치를 못마땅해 합니다. 심지어는 "내게는 염소 새끼라도 주어 나와 내 벗으로 즐기게 하신 일이 없더니 아버지의 살림을 창녀들과 함께 삼켜버린 이 아들이 돌아오매 이를 위하여 살진 송아지를 잡으셨나이다"눅15:29-30라며 불평을 늘어놓습니다.

아내나 남편이 서로에게 하는 가슴 아픈 말은 무엇입니까? "결혼하고 나서 지금까지 나한테 제대로 해준 것이 뭐가 있어?"라는 말입니다. 복을 존재에서 구하지 않고 소유에서 보는 것. 그것이 문제입니다.

언제 사랑하셨냐는 이스라엘의 질문에 하나님은 말씀하십니다.

"나는 너를 사랑했고 아직도 너를 사랑하고 있다."

선행적인 하나님의 사랑입니다. 이것은 장자인 에서를 미워하고 차자인 야곱을 사랑한 것처럼 야곱 편에서 보면 무조건적이고 분에 넘치는 은혜입니다. 장자도 아니고 사랑받을 만한 일을 한 것도 없는데 하나님께서 먼저 사랑하셨습니다. 하나님은 우리의 행위에 상관없이 여전히 우리를 사랑하십니다. 하나님은 자격이 안 되는 우리를 택하시고,

한 번 택하신 것은 영원히 버리지 않습니다. 사랑으로 선택하시는 하나님의 사랑입니다.

"여호와께서는 이스라엘 지역 밖에서도 크시다" **말라기 1:5, 11, 14**

"해 뜨는 곳에서부터 해 지는 곳까지의 이방 민족 중에서 내 이름이 크게 될 것이라 각처에서 내 이름을 위하여 분향하며 깨끗한 제물을 드리리니 이는 내 이름이 이방 민족 중에서 크게 될 것임이니라" **말라기 1:11**

"나는 큰 임금이요 내 이름은 이방 민족 중에서 두려워하는 것이 됨이니라 만군의 여호와의 말이니라" **말라기 1:14**

하나님은 믿지 않는 자들에게서도 크신 분이라고 인정됩니다. 하나님은 느부갓네살 왕이나 고레스 왕도 움직이시는 하나님입니다. 바벨론 느부갓네살 왕도 다니엘의 하나님을 두려워하며 찬양하였고, 바사 왕 고레스도 하나님의 거룩한 이름 앞에 포로들을 풀어 주며 성전 재건을 도왔습니다. 하나님은 우주 자연 만물을 다스리시는 하나님입니다. 하나님께서 작정하시면 이 나라 저 나라 이 왕 저 왕을 움직일 수 있고, 자연 만물을 동원하실 수도 있습니다.

그런데 그리스도인들이 하나님을 잘 안다고 하면서도 하나님의 이름에 돌려야 할 영광을 돌리지 않고 하나님을 소홀히 여기는 것은 참으로 기이한 일입니다. 하나님은 교회뿐 아니라 세상을 주관하시는 분이십니다. 하나님은 온 세계의 하나님이시며 온 세계에서 높임을 받으셔야 합니다. 수많은 민족과 사람 가운데 우리를 택하시고 사랑하시는 하나님을 알아야 합니다. 우리가 그렇게 크신 하나님의 특별한 사랑을 받고 있다는 것이 놀랍지 않습니까?

하나님의 사랑은 불변합니다. 다만 우리가 하나님의 사랑을 저버릴 뿐입니다. "나 여호와는 변하지 아니하나니"말 3:6 이것은 말라기의 핵심적인 말씀입니다. 하나님은 우리와 맺은 언약에 있어서 불변하시지만 변하는 것은 우리입니다.

！ 나를 향한 하나님의 사랑을 깨닫고 행하라

신앙의 위기는 감사와 감격이 사라지는 것입니다. 신앙생활을 잘하는 사람은 늘 '왜 날 사랑하나!', '이게 웬 은혜인가?'라고 감격하며 삽니다. 로마서에 보면 인간의 타락 단계를 "하나님을 알되 하나님을 영화롭게도 아니하며 감사하지도 아니하고 오히려 그 생각이 허망하여지며 미련한 마음이 어두워졌나니"롬 1:21라고 말하고 있습니다. 하나님께 영광 돌리지 않고 감사하지 않으면 이미 타락의 길로 접어들고 있는 것입니다. 우리 안에 있는 부정적인 생각, 부정적인 말을 멀리 해야 합니다. 데이빗 클링스는 신경과민증 환자 중 95퍼센트가 '남 비판하기 좋아하는 사람'이라고 했습니다.

말라기의 핵심 주제는 '나는 여전히 너희를 사랑하고 있다'는 하나님의 사랑 고백입니다. 은혜의 말씀입니다. 하나님의 사랑에 감사하는 마음으로 보답하는 삶을 살아야 합니다.

! 하나님께 걸맞은 최고의 영광을 돌려라

이스라엘이 두 번째로 묻기를 "어떻게 우리가 주의 이름을 멸시하였습니까?", "어떻게 우리가 주를 더럽게 했습니까?"라고 합니다말 1:6-7.

아들이 아비를, 종이 주인을 공경하는 것이 마땅한데, 이스라엘 백성은 '큰 임금'말 1:14 되시며 만군의 여호와인 아버지 하나님의 이름을 멸시하며, 공경하지도 않고서 "우리가 어떻게 주의 이름을 멸시하였나이까?"라고 뻔뻔한 변명을 늘어놓고 있습니다.

> "내 이름을 멸시하는 제사장들아 나 만군의 여호와가 너희에게 이르기를 아들은 그 아버지를, 종은 그 주인을 공경하나니 내가 아버지일진대 나를 공경함이 어디 있느냐 내가 주인일진대 나를 두려워함이 어디 있느냐 하나 너희는 이르기를 우리가 어떻게 주의 이름을 멸시하였나이까 하는도다" 말라기 1:6

제사장은 하나님께 영광을 돌리도록 세워진 사람이지만 하나님은 제사장을 향해 오히려 하나님의 이름을 멸시하였다고 했습니다.

하나님께 영광을 돌리는 것이 모든 인생의 제일가는 삶의 이유입니다. 하나님 자신도 하나님의 이름을 더럽히지 않으시려고 하나님의 이름으로 부름을 받는 백성을 보호하시고 인도하십니다. 모세의 때에 광야 생활을 하던 이스라엘 백성을 살려 두신 것은 모범적이어서가 아니라 하나님의 이름을 위하여 인도하신 것입니다_{겔 20:9, 14, 22, 44}.

하나님의 백성이란 자들이, 아니 그들의 지도자 제사장들이 하나님의 이름을 멸시했습니다. 하나님의 영광을 가렸습니다. 그러니 어찌 하나님께서 진노치 않으시겠습니까? 제사장들은 진리의 법으로 가르치며 여호와의 사자가 되어 많은 사람을 죄악에서 떠나게 하는 것이 마땅한 도리인데 오히려 사람들을 하나님의 법에서 떠나게 하고 말았습니다.

하나님의 영광은 세세무궁토록 불변합니다. 그러나 이스라엘은 하나님의 이름을 더럽혔습니다. 이스라엘의 어떤 잘못이 이러한 결과를 불러왔을까요?

① 불경건한 삶으로 하나님의 이름을 욕되게 했습니다

하나님을 경외하는 마음으로 다른 사람들 앞에서도 하나님을 아버지로 모신 사람답게 살아야 하는데, 오히려 하나님을 모르는 사람 보다도 못한 삶을 살면서 하나님의 얼굴에 먹칠을 했습니다. "하나님 믿는다는 사람이 왜 저래"라는 소리를 듣는 것은 하나님의 이름을 더럽히는 것입니다. "내 이름을 멸시하는 제사장들"_{말 1:6}입니다. 아예 하나님의 이름으로 말하지 말지, 하나님을 사칭해서 온갖 더러운 일을 꾀하는 자들은 하나님의 이름을 더럽히는 자들입니다.

"너는 네 하나님 여호와의 이름을 망령되게 부르지 말라 여호와는 그의 이름을 망령되게 부르는 자를 죄 없다 하지 아니하리라" 출애굽기 20:7

② 헌신 없는 제사예배를 드림으로 하나님의 이름을 멸시했습니다

예배worship와 제사의 정신은 하나님께 값어치 있는 것worth을 드리는 정신ship이지만 그 속에 있어야 할 헌신이 없으면 겉치레 의식에 불과합니다. 이것은 하나님을 모독하는 것과 같습니다.

"서원하는 일에 흠 있는 것으로 속여 내게 드리는 자는 저주를 받으리니"말 1:14라는 말씀처럼 흠과 티가 없는 제물을 드리라고 했는데, 하나님께 더러운 떡을 드려 식탁을 경멸히 여겼습니다말 1:7. 말라기 당시 제사장들은 제물을 번제로 태워 드리며, 아마 자신들의 생각으로 "아 참 귀찮아, 이렇게 한들 뭐 아시겠어?" 하면서 눈 먼 것, 저는 것, 병든 것, 훔친 물건말 1:8, 13을 드렸다는 것입니다. 그러면서 "하나님, 은혜를 주소서"라고 하니 하나님께서 그 제사를 받지 않으셨습니다.

만일 이것들을 총독에게 선물로 주었다가는 사람을 무시해도 분수가 있지 이런 것을 가져 왔다고 오히려 망신만 당할 터인데, 하물며 온 우주 만물의 왕이신 하나님께 이런 식으로 드리는 것이 합당하냐는 말씀입니다. 높은 사람에게는 그렇게 못하면서 하나님께 그렇게 한다는 것은 하나님보다 사람을 더 무서워한다는 것입니다. 그러니 이런 사람은 하나님께 복을 받지 못합니다. 엘리 제사장 때에 홉니와 비느하스가 한 일과 비슷합니다. 거룩에 과다하게 노출되면서도 자신을 살피지 않으면 이렇게 됩니다. 습관적으로 드리는 형식적인 제사, 죽은 제사, 변

질된 제사를 드리게 됩니다.

"만군의 여호와가 이르노라 너희가 내 제단 위에 헛되이 불사르지 못하게 하기 위하여 너희 중에 성전 문을 닫을 자가 있었으면 좋겠도다 내가 너희를 기뻐하지 아니하며 너희가 손으로 드리는 것을 받지도 아니하리라 만군의 여호와가 이르노라 해 뜨는 곳에서부터 해 지는 곳까지의 이방 민족 중에서 내 이름이 크게 될 것이라 각처에서 내 이름을 위하여 분향하며 깨끗한 제물을 드리리니 이는 내 이름이 이방 민족 중에서 크게 될 것임이니라"
말라기 1:10-11

얼마나 하나님께서 싫어하시는 일을 하면 그들을 들어오지 못하게 문을 닫으라고 하시겠습니까? 예수님을 믿지 않던 이방인들은 하나님의 이름을 존귀하게 여겨 깨끗한 예물을 가져오는데, 먼저 믿은 자들은 하나님께 정성도 없고, 헌신도 없고, 귀찮다는 듯 코웃음을 치며 행하는 제사 때문에 하나님의 이름이 더럽혀졌습니다. 정성이 없는 예배, 마음이 없는 간구 모두 껍데기 믿음에 불과합니다.

말라기 2장 3절을 보면 하나님의 이름을 영화롭게 하지 않는 제사장들은 저주를 받아, 하나님께서 그들의 얼굴에 절기의 희생의 똥을 바를 것이며, 그렇게 버림을 받게 될 것이라고 경고하고 있습니다말 2:3.

! 하나님의 섭리를 믿지 않는 사람들

이스라엘은 "우리가 어떻게 여호와를 괴롭혔습니까?"라며 또 반문합니다말 2:17. 신실하신 하나님의 언약을 파괴하고도 "언제 우리가 주의 언약을 깨뜨렸습니까?"라는 식입니다. 자기가 무엇을 잘못했느냐고 변명합니다. 하나님은 공의로우신 분이신데, 행악하는 자들이 잘되고 하나님도 좋아하신다고 하나님을 조롱하고 "하나님의 공의가 도대체 어디 있느냐?"고 말합니다. "어떻게 우리가 주님을 괴롭게 했습니까?"라고 시치미를 뗐습니다. 말이라도 안하면 덜 미운데 입은 살아서 하나님의 마음을 아프게 하고도, 언제 하나님을 괴롭게 했느냐고 증거를 대라고 합니다. 억지와 변명으로 일관합니다.

주님을 믿는다는 사람들 때문에 하나님은 괴롭습니다. 하나님은 우리를 사랑하시는 짐을 늘 지고 계십니다. 지금도 예수님을 십자가에 거듭하여 못 박는 무리가 있습니다. 이들은 다름 아닌 하나님의 언약을 깨뜨리는 사람들로, 무늬만 그리스도인을 말합니다. 하나님의 신실함을 배반하며, 하나님의 정의를 무시하고 악한 길을 고집하고 자기들뿐만 아니라 그렇게 사는 사람들을 죄 짓도록 부추기는 자들입니다.

"그들이 이같은 일을 행하는 자는 사형에 해당한다고 하나님께서 정하심을 알고도 자기들만 행할 뿐 아니라 또한 그런 일을 행하는 자들을 옳다 하느니라" 로마서 1:32

그들은 "죄짓는 것이 즐겁다. 그래야 성공한다"고 말합니다. 공의의 하나님이 어디 계시냐고 비아냥거립니다. 하나님의 신실하심과 하나님의 정의는 불변합니다. 우리는 성령님을 근심되게 하는 자, 하나님을 괴롭게 하는 자, 예수님을 다시 십자가에 못 박는 자가 되지 말아야 합니다.

하나님의 섭리를 믿지 않는 것, 하나님의 공의를 믿지 않는 것이 하나님을 괴롭게 하는 것입니다. 하나님은 이스라엘이 레위 지파와의 언약말 2:8, 조상들과의 언약말 2:10, 결혼에 관한 언약말 2:14-16을 깨트리고 예배와 결혼 생활에 거룩하지 못한 삶을 사는 것을 괴로워하십니다. 성결한 삶을 살지 않고, 경건하지 못한 말을 일삼고, 결혼 관계에 불성실하며 아내를 박대하거나 이혼으로 가정을 파괴하고말 2:16, 남을 학대하고, 심령이 완악한 것 등이 하나님을 괴롭게 하는 것입니다. 우리가 한 하나님을 아버지로 모시고 살아가는데 형제간에 불화하고 속이는 것은 하나님을 괴롭게 하는 것입니다. 하나님의 마음은 마치 사랑하는 자식이 잘못 행할 때의 부모의 심정입니다말 2:10.

❗ 하나님을 향해 날마다 자신을 돌이키라

하나님께서 돌아오라고 말하니 이스라엘은 "우리가 어떻게 하여야 돌아가리이까?"말 3:7라고 항변합니다. 이 말은 "우리가 잘 믿고 있는데 더 이상 어떻게 한단 말입니까? 다 돌아왔습니다. 더는 회개할 것이 없습니다. 이것은 나에게는 해당되는 말이 아닙니다. 난 아닙니다"라고 말하는 태도입니다. 영적인 교만이 가득 찬 말입니다. 완악의 변입니다.

하나님은 말씀하십니다. "너희 조상들의 날로부터 너희가 나의 규례를 떠나 지키지 아니하였도다 그런즉 내게로 돌아오라 그리하면 나도 너희에게로 돌아가리라"말 3:7 그러나 이스라엘 민족은 "무슨 소립니까? 어디로 더 돌아오라는 말씀입니까?"라고 일관할 뿐입니다.

하나님은 괜한 것을 말씀하시지 않습니다. 지금 이 말씀은 다른 사람이 아니라 바로 우리에게 하시는 말씀입니다. 아닌 척 시치미 떼도 소용없습니다.

지금이 하나님께로 돌아가야 할 때입니다. 부흥의 비결은 하나님께 돌아가는 것입니다. 날마다 자신을 살펴 하나님께 돌아가야 합니다. 자기 전에 하나님께 돌아갈 준비를 해야 합니다. 잘못을 솔직하게 시인하고 하나님과 관계를 개선해야 합니다.

'돌아오다'는 원어로 '슈브'인데, 회개를 의미합니다. 자기 죄를 자백하고, 그 죄의 길에서 돌이켜 하나님의 뜻대로 사는 것이 회개입니다. 회개는 하나님의 심판을 축복으로 바꿉니다.

❗ 먼저 하나님의 의를 구하라

하나님은 "너희가 나의 것을 도둑질하였다"고 하니, 이스라엘은 "우리가 어떻게 주의 것을 도적질했습니까?"라고 묻습니다말 3:8. 강도의 변입니다.

인간이 어떻게 하나님의 것을 도적질 할 수 있겠습니까? 그런데 실제로는 그런 일이 일어나고 있습니다. 하나님의 것을 자기 것으로 착각하고 살아가는 사람들이 그렇습니다. 하나님께서 맡기신 것을 자기 것처럼 생각합니다. 건강, 아내, 자식, 집, 자동차, 학위, 돈, 심지어 영혼까지 자기 것으로 생각합니다.

예수님 말씀 중에 삼 분의 일은 '돈' 이야기입니다. 달란트, 청지기, 탕자, 선한 사마리아인, 옥합을 깨트린 이야기, 잔치하는 이야기, 삭개오 등, 돈이 안 들어가는 이야기가 없습니다. 하나님과 물질을 라이벌로 두면 안 됩니다. 물질을 하나님께 굴복시켜야 합니다. 헌금과 구제는 맘몬의 머리를 깨트리는 것입니다. 우리의 모든 소유가 다 하나님께로부터 왔으며, 우리는 그것을 맡은 청지기에 불과하다는 사실을 자각해야 합니다. 청지기는 주인이 아니라 주인의 뜻을 받들어 잘 관리하는 사람일 뿐입니다. 소유권은 주인에게 있습니다.

하나님께서 주신 것 가운데 중요한 것이 세 가지3T가 있습니다. 그것은 바로 재능talent과 시간time과 물질treasure입니다. 하나님은 이것들에 있어서 주권을 가지시고 우리에게 요구하실 권한이 있습니다. 우리는 하나님의 요구에 순종하기 위해 이것들을 잘 활용해야 합니다.

첫째, 하나님께서 주신 은사를 발견하여 잘 개발하고 은사를 따라 사역을 해야 합니다. 우리는 반드시 받은 재능만큼 하나님을 위해 사용해야 합니다. 그러지 않으면 은사 도둑입니다. 악하고 게으른 종이 됩니다.

둘째, 시간에 대해서도 일주일에 하루를 안식일로 하나님께 예배하며 시간의 주인을 생각하도록 하고 나머지 주신 날들도 잘 선용해야 합니다. 그런데 이날도 가로채서 자기 것으로 삼는 사람은 시간 도둑입니다.

셋째, 물질도 모두 하나님의 것이지만 십분의 일을 십일조로 드림으로 하나님의 주권을 인정하고 나머지는 하나님의 뜻에 합당하게 쓰도록 해야 합니다. 십일조는 하나님의 은혜로 살고 있다는 고백입니다. 십일조를 드리지 않는 사람은 하나님을 말로만 믿을 뿐 자기 힘으로 살겠다는 것입니다. 이 사람 또한 물질 도둑입니다. 십일조를 드리는 것은 하나님의 것을 돌려 드리는 것입니다. 십일조를 드리기 전에는 아직 헌금을 드린 것이 아니며, 십일조를 드리지 못했으면 아직 헌금을 시작도 못한 것입니다. 십일조를 드리는 것이 진정한 의미의 헌금입니다. 십일조는 자기 마음대로 할 수 없는 것입니다. 십일조로 구제하고 선교하겠다는 사람은 헌금을 잘 모르는 사람입니다. 십일조는 의무이고 헌물은 자원하는 것입니다. 그러므로 말라기는 십일조와 봉헌물을 구별하였습니다말 3:8. 십일조만 드리면 되는 것이 아니라 나머지도 하나님의 뜻에 합당하게 써야 합니다. 내 것을 가지고 하나님께 드리는 것이 아니라 하나님의 것을 관리하는 것입니다.

이것이 대표성 원리입니다. 생일은 어떤 날입니까? 생명이 주어진 것을 기념하는 날입니다. 하루를 정해서 지금까지의 생명을 기뻐하는 것입니다. 결혼기념일, 어린이날, 어버이날 모두 마찬가지입니다. 대표성을 지니고 있습니다. 결혼기념일을 잊어버리는 것은 그날을 잊은 것뿐 아니라 결혼 전체를 소중하게 여기지 않았다는 섭섭함이 따라 옵니다.

헌금은 억지로, 형식적으로, 인색하게 드려서는 안 됩니다. 하나님께서는 정성껏, 즐겁게, 자원하여 드리는 예물만 받으십니다. 어떻게 하면 그런 마음으로 헌금을 드릴 수 있을까 늘 생각해야 합니다. 주의 일을 위하여 물질을 드리는 것만큼 보람 있게 쓰이는 것도 없습니다.

그 행위의 결과에는 하나님의 축복이 약속되어 있습니다. 말라기 3장 10절에는 성경 전체를 통틀어 하나님을 시험해 보라는 말씀이 십일조를 두고 처음 언급됩니다. 십일조를 드리는 사람들에게 반드시 복을 주시겠다는 약속입니다. 하늘 문을 열고 물질의 복을 쌓을 곳이 부족할 정도로 풍족하게 내려 주시겠다는 강력한 메세지입니다. 하나님은 십일조를 하는 자녀의 사업을 보호해 주십니다. 메뚜기를 금하여 토지 소산을 먹어 없애지 못하게 하며, 포도나무 열매가 기한 전에 떨어지지 않게 하십니다말 3:11. 사람들이 우리에게 '복되다' 라고 말하는 명예를 얻게 됩니다말 3:12.

말라기 때에도 이스라엘 백성은 십일조를 드려 제사장이 사역을 할 수 있게 하였고, 가난한 사람들을 구제하였습니다. 그러나 문제는 제대로 드리지 않았다는 것입니다. 제사장, 레위인들도 다 먹고살기 위해 도망갔고, 가난한 사람들은 하나님께 호소하였습니다. 그러니 저들이 하는 일에 복을 받을 수가 없습니다. 하나님의 다른 말씀이 진리이면 이 말씀도 진리입니다. 다른 말씀은 지키면서도 이 말씀을 순종하지 않으면 온전한 순종이 아닙니다. 물질에 대해서도 착하고 충성된 청지기가 되어야 합니다.

하나님께서 지켜 주지 않으시면 아무것도 지킬 수 없고, 하나님께서 축복하지 않으시면 어떤 것도 복이 될 수 없습니다. 먼저 하나님의 나라를 구하십시오. 하나님께서 모든 것을 채우실 것입니다.

"만군의 여호와가 이르노라 내가 너희를 위하여 메뚜기를 금하여 너희 토지 소산을 먹어 없애지 못하게 하며 너희 밭의 포도나무 열매가 기한 전에 떨어지지 않게 하리니 너희 땅이 아름다워지므로 모든 이방인들이 너희를 복되다 하리라 만군의 여호와의 말이니라" 말라기 3:11-12

❗ 악인에게는 심판을 의인에게는 소망을

하나님께서 "너희가 완악한 말로 나를 대적했다"고 하니, 이스라엘은 "우리가 무슨 말로 주를 대적했습니까?"라며 대꾸합니다말 3:13.

"하나님을 섬기는 것이 헛되다. 하나님의 명령을 지키는 것은 슬픈 일이다. 아무 유익이 없다. 오히려 교만한 사람이 잘되고, 악을 행하는 사람이 번성하고, 하나님을 시험하는 사람이 화를 면한다"말 3:14-15라고 말하는 것은 하나님을 아무런 능력이 없으신 분으로 만드는 것입니다. 이는 반역의 변입니다. 십자가의 원수로 행하는 사람들입니다. 성령의 역사를 훼방하는 말입니다. 이러한 사람들은 '하나님이 정한 날'에 발바닥 밑의 재말 4:3와 같이 될 것입니다.

부도덕하게 재물을 쌓고 권력을 남용하는 사람들로 인해 온 나라가

허탈에 빠졌습니다. 물질 만능 주의, 도덕 불감증, 후안무치, 이기주의, 보신주의 등이 만연해 있습니다. 그러나 악인의 형통을 부러워하고 자신의 처지를 낙심해서는 안 됩니다. 하나님을 섬기지 않는 사람들에게는 하나님께서 맹렬한 불로 임하셔서 사르게 되는데 그들은 용광로에 불타 사라지는 지푸라기처럼 될 것입니다. 악인들은 재처럼 밟혀 사라지게 될 것입니다.

그러나 여호와를 경외하며 그 이름을 존중하는 사람은 하나님의 기념책에 이름이 기록되고말 3:16 하나님께서 자식을 아끼듯 사랑하십니다. 하나님을 섬기는 사람들에게는 같은 불이라도 치료하는 광선이 되어 참된 자유와 은혜 안에서 온전하게 됩니다. 그리스도께서 오셔서 치료하는 광선을 비추어 주십니다. 성령님께서 우리의 심령과 육체를 치료해 주시고, 우리의 가정과 인간관계를 치유해 주십니다. 하나님과 막혔던 모든 어두운 곳들을 밝혀 주십니다. 죄에서 해방되어 외양간에 갇혀 있다가 나온 송아지처럼 기뻐 뛰며 즐거워하게 될 것입니다. 악인에게는 심판을, 의인에게는 소망을 주시는 이중 메시지입니다.

"내 이름을 경외하는 너희에게는 공의로운 해가 떠올라서 치료하는 광선을 비추리니 너희가 나가서 외양간에서 나온 송아지같이 뛰리라" 말라기 4:2

: 말씀 나누기 :

1. 본문에 나오는 여섯 가지 질문을 살펴봅시다. ^말 1:2, 1:6, 2:17, 3:7, 3:8, 3:13

2. "여호와께서는 이스라엘 지역 밖에서도 크시다"는 말씀은 무슨 뜻입니까? ^말 1:5

3. 어떻게 우리가 주의 것을 도적질했습니까? ^말 3:8

4. 메시아 전에 보내실 '선지자 엘리야'는 누구를 가리킵니까? ^말 4:5

: 은혜 나누기 :

1. 여섯 가지 질문 가운데 우리에게 해당하는 내용은 없는지 말해 봅시다.

2. 우리의 잘못을 하나님 탓으로 돌린 적은 없는지 생각해 봅시다.

3. 예수님의 재림을 기다리고 바라는 믿음생활을 합시다.

일어나 깨어 움직여라

초판 1쇄 발행 | 2013년 11월 18일

지은이 | 한기채
펴낸곳 | 교회성장연구소
발행인 | 이영훈
편집인 | 이장석
편집장 | 노인영
기획 및 편집 | 김태희 · 김수현 · 이초롱
디자인 | 박진실
마케팅 | 김미현 · 이경재 · 전성은 · 문기현
쇼핑몰 | 이기쁨 · 강지훈
행　정 | 박경희 · 김수정

등록번호 | 제12-177호
주　소 | 서울특별시 영등포구 여의공원로 101번지 CCMM빌딩 9층 901A호
전　화 | 02-2036-7935
팩　스 | 02-2036-7910
웹사이트 | www.pastor21.net

ISBN 978-89-8304-216-3 03230

※ 책 가격은 뒤표지에 있습니다.
※ 잘못 만들어진 책은 바꿔 드립니다.